FACULTÉ DE DROIT DE PARIS

ÉTUDE SUR LES RES RELIGIOSÆ
ET LA TRANSMISSION DES SACRA PRIVATA
EN DROIT ROMAIN

DE L'ACQUISITION
DE LA POSSESSION ET DE LA PROPRIÉTÉ DES LEGS
EN DROIT FRANÇAIS

THÈSE POUR LE DOCTORAT

L'acte public sur les matières ci-après sera soutenu
le vendredi 22 Juillet 1881, à midi,

PAR

Joseph CHARMONT

Né à Tournus (Saône-et-Loire), le 15 septembre 1859,

AVOCAT A LA COUR D'APPEL DE PARIS.

PARIS

LIBRAIRIE A. MARESCQ AINÉ

A. CHEVALIER-MARESCQ, GENDRE ET SUCCESSEUR

20, RUE SOUFFLOT, 20

Au coin de la rue Victor-Cousin.

1881

THÈSE

POUR LE DOCTORAT

CORBEIL. TYP. ET STÉR. CRÉTÉ

FACULTÉ DE DROIT DE PARIS

ÉTUDE SUR LES RES RELIGIOSÆ

ET LA TRANSMISSION DES SACRA PRIVATA

EN DROIT ROMAIN

DE L'ACQUISITION

DE LA POSSESSION ET DE LA PROPRIÉTÉ DES LEGS

EN DROIT FRANÇAIS

THÈSE POUR LE DOCTORAT

*L'acte public sur les matières ci-après sera soutenu
le vendredi 22 Juillet 1881, à midi,*

PAR

Joseph CHARMONT

Né à Tournus (Saône-et-Loire), le 15 septembre 1859,

AVOCAT A LA COUR D'APPEL DE PARIS.

PRÉSIDENT : M. BOISTEL, professeur.

SUFFRAGANTS { MM. RATAUD, GARSONNET, } professeurs. LEFEBVRE, ESMEIN, } agrégés.

Le Candidat répondra en outre aux questions qui lui seront faites sur les autres matières de l'Enseignement.

PARIS

LIBRAIRIE A. MARESCQ AINÉ

A. CHEVALIER-MARESCQ, GENDRE ET SUCCESSEUR

20, RUE SOUFFLOT, 20

Au coin de la rue Victor-Cousin.

1881

A M. CHARLES LYON-CAEN

PROFESSEUR AGRÉGÉ A LA FACULTÉ DE DROIT DE PARIS
ET A L'ÉCOLE LIBRE DES SCIENCES POLITIQUES

Hommage de reconnaissance et de respectueuse affection.

ÉTUDE

SUR

LES RES RELIGIOSÆ ET LA TRANSMISSION DES SACRA PRIVATA (1) EN DROIT ROMAIN

La science contemporaine a mis en lumière les affinités profondes que présentent la langue, les mœurs, les institutions primitives de la Grèce, de Rome et de l'Inde. Leur communauté de croyances est particulièrement frappante. La religion des anciens Romains est à très peu près celle que nous révèlent les vieux hymnes grecs et la loi de Manou : ce qui la distingue, c'est son caractère domestique. Chaque famille a ses dieux protecteurs qui veillent sur elle et sont hostiles aux étrangers : ces dieux, ce sont les ancêtres (2). Le père semble avoir reçu comme un don divin le pouvoir mystérieux de la gé-

(1) L'organisation et la transmission des *sacra* ont été l'objet d'un mémoire de Savigny (Berlin, 1812, *Vermischte Schrifften*, t. I, p. 153 à 173) : une traduction encore inédite de ce mémoire a été faite par M. Lyon-Caen, qui, dans son extrême obligeance, a bien voulu nous la communiquer; qu'il nous permette de le remercier ici.

(2) Majores nostri eos, qui ex hac vita migrassent, in deorum numero esse voluerunt. (Cicéron, *de Leg.*, II, 22.)

nération : quand il meurt, il devient une puissance tutélaire qu'on adore. Chaque jour ses enfants se réunissent autour de son tombeau pour prier et offrir à ses mânes des libations et des sacrifices. A ce culte des aïeux se joint celui du feu sacré. Il y a dans toute maison romaine un autel toujours embrasé : la perpétuité du foyer est le symbole de la perpétuité de la race ; il ne s'éteint que si la famille est détruite. Malheur à celui qui ne laisse personne après lui pour l'ensevelir et continuer son culte : son âme errante (1) est condamnée à d'éternels tourments. « L'âme qui n'avait pas de tombeau, dit M. Fustel de Coulanges (2), n'avait pas de demeure. En vain aspirait-elle au repos qu'elle devait aimer après les agitations et le travail de cette vie : il lui fallait errer toujours sous forme de larve et de fantôme, sans jamais s'arrêter, sans jamais recevoir les offrandes et les aliments dont elle avait besoin. Malheureuse, elle devenait bientôt malfaisante. Elle tourmentait les vivants, leur envoyait des maladies, ravageait leurs maisons, les effrayait par des apparitions lugubres pour les avertir de donner la sépulture à son corps et à elle-même. De là est venue la croyance aux revenants. Toute l'antiquité a été persuadée que sans sépulture l'âme était misérable ; et que, par la sépulture, elle devenait à jamais heureuse. »

Cette idée explique l'importance que chacun attachait à s'assurer un dernier asile où il pût après sa mort reposer en paix. Les citoyens pauvres, les affran-

(1) Centum errant annos volitantque hæc littora circum ;
Tum demum admissi stagna exoptata revisunt.
(Virg., *Enéide*, l. VI, v. 320.)

(2) *La Cité antique*, p. 10.

chis, les esclaves formaient entre eux des associations qu'on appelait *collèges funéraires*, et qui avaient pour but de subvenir, à l'aide d'une contribution collective, aux frais d'inhumation de ceux qui en faisaient partie. La plupart de ces associations ne se constituaient que pour construire un *columbarium* (1), édifice souterrain dans les murs duquel on creusait de petites niches contenant une ou plusieurs urnes : la société faisait la distribution des niches suivant la mise de fonds de chaque participant et se dissolvait aussitôt. D'autres collèges, au contraire, avaient un but permanent : tel était, notamment, celui de Diane et d'Antinoüs, dont le règlement a été découvert en 1816 dans les ruines de Lanuvium (2).

Le refus de sépulture était considéré comme un châtiment terrible, réservé seulement aux suppliciés, aux ennemis et au suicidés. « Non solent autem lugeri, ut ait Neratius, hostes, vel perduellionis damnati, nec suspendiosi, nec qui manus sibi intulerunt non tædio vitæ sed mala conscientia (3). » Sous le nom de *suspendiosi* on entend les suppliciés et les pendus : la société

(1) Chose digne de remarque, l'humilité de ces sépultures inconnues a mieux protégé les morts qu'elles renfermaient que les fastueux tombeaux des riches. La plupart des *columbaria* que l'on retrouve aujourd'hui sont intacts et contiennent encore les cendres qu'on y avait placées : depuis des siècles, au contaire, il n'y a plus rien dans les mausolées d'Auguste, d'Adrien, de Sextus et de Metella. (Cauvet, *Le Droit pontifical.*)

(2) Les associés qui composaient ce collège devaient, à titre de droit d'entrée, verser une somme fixe : ils donnaient de plus, chaque mois, une modique cotisation. Ces sommes ne pouvaient suffire à faire construire un *columbarium*; mais, à la mort de chaque membre, la Société versait entre les mains de son héritier de quoi acheter un tombeau. Cet argent s'appelait *funeraticum*. (V.-E. de Dienne, *Des Collèges et Sodalités en droit romain.*)

(3) L. 11, § 3, Dig., l. III, tit. II.

des morts les rejette comme celle des vivants (1) : il en est ainsi des *hostes*, et des *perduellionis damnati*, c'est-à-dire des ennemis, des criminels coupables de lèse-majesté, des perturbateurs de la paix publique. On connaît la réponse d'Auguste à un prisonnier illustre qui sollicitait la consolation suprême d'une sépulture : « Ut quidem suppliciter uni sepulturam precanti respondisse dicatur, jam istam in volucrum potestate fore (2). » Les Gracques eux-mêmes, rapporte Valère Maxime (3), « quia statum civitatis conati erant convellere, insepulti jacuerunt, supremusque humani conditionis honos filiis Gracchi et nepotibus Africani defuit. » Les cadavres des prisonniers égorgés dans le Tullianum restaient exposés sur les degrés de la prison, qu'on appelait les gémonies : c'est ce qu'on nous dit de Cépion, par la faute duquel l'armée romaine avait été vaincue, dans la première lutte contre les Cimbres (4). « In publicis vinculis spiritum deposuit, corpusque ejus funesti carnificis manibus laceratum, in scalis gemoniis jacens, magno cum horrore totius fori romani conspectum est. »

Le texte de Neratius ajoute aux condamnés certains suicidés et les déclare privés de sépulture. Mais il fait une distinction essentielle entre ceux qui

(1) Fest., p. 178. Cependant, le corps de Jésus-Christ mort sur la croix fut vendu, pour être enseveli, à Joseph d'Arimathie et à Nicomède. On s'est demandé s'il fallait voir là une concession clémente de Pilate, ou simplement de sa part le respect d'une coutume des Juifs attestée dans le *Deutéronome* (c. XXI) : « Quando peccaverit homo, quod morte plectendum est, et adjudicatus morti appensus fuerit in patibulo : non permanebit cadaver ejus in ligno, sed in eadem die sepelietur. »

(2) Suétone, *Vie d'Auguste*, § 13.

(3) Valère Maxime, l. VI, c. III.

(4) *Id.*, l. VI, c. III.

se sont suicidés *tædio vitæ* et ceux qui l'ont fait *mala conscientia*, c'est-à-dire pour se dérober au châtiment. Le suicide par lassitude de la vie était regardé comme une mort honorable ; n'est-il pas, dit Sénèque, la dernière ressource de la liberté ? « Quid gemis demens, quid expectas ut te aut hostis aliquis per exitium gentis tuæ vindicet, aut res a longinquo potens advolet ? Quocumque respexeris, ibi maiorum finis est, vides illum præcipitem locum ? Illac ad libertatem descenditur. Vides illud mare, illud flumen, illum puteum ? libertas illic in imo sedet. Vides illam arborem, brevem, retorridam, infelicem ? pendet inde libertas. Vides jugulum tuum, guttur tuum, cor tuum ? effugia servitatis sunt. Nimis tibi operosos exitus monstro, et multum animi ac roboris exigentes. Quæris, quod sit ad libertatem iter ? quælibet in corpore tuo vena (1). »

Mais ceux qui, pressés par le remords d'un crime, et pour se soustraire au supplice, se sont fait justice à eux-mêmes, ceux-là sont déclarés hors la loi commune et privés des honneurs funèbres (2).

Il paraît vraisemblable qu'à l'origine chaque famille enterrait ses morts près du foyer domestique qui leur était consacré. « Moris fuisse, » dit Servius dans son commentaire sur Virgile, « apud majores ut qui mor-

(1) Sénèque, *de Ira*, l. III, cap. xv. — « La mort est la recepte de touts maulx : c'est un port très assuré qui n'est jamais à craindre et souvent à rechercher. Tout revient à un que l'homme se donne sa fin ou qu'il la souffre ; qu'il coure au-devant de son jour ou qu'il l'attende ; d'où qu'il vienne, c'est toujours le sien. » (Montaigne, l. II, c. III.)

(2) On refusait encore la sépulture aux hommes frappés de la foudre ; sans doute, dit M. Bouché-Leclercq, parce qu'on les croyait abhorrés des dieux.

tuus esset domum suam referretur et in illa sepeliretur. » Plus tard, les inhumations dans l'intérieur des maisons ou l'enceinte de la ville furent interdites. « Hominem mortuum, inquit lex in XII Tabulis, in urbe ne sepelito neve urito (1). »

Sauf cette restriction, on choisissait librement le lieu des sépultures : il n'y avait pas à Rome de cimetières obligatoires. Le plus souvent, les tombeaux s'élevaient le long des chemins fréquentés. « Les Romains ont tant besoin de bruit, de mouvement, d'agitation, de gloire, qu'ils semblent ne pouvoir s'en passer même après leur mort ; ils ont donc choisi pour emplacement de leurs sépultures le bord des routes. Les lignes de tombeaux qui les décorent s'étendent depuis les portes jusqu'à quinze ou seize milles de distance (2). » C'est un trait de mœurs curieux que cette coutume : on s'imaginait ne pas mourir tout entier en érigeant ainsi un monument funéraire sur une voie célèbre. Perpétuer son souvenir, attirer l'attention des passants, s'imposer aux regards de la foule, c'était agir et vivre encore (3).

(1) On explique d'ordinaire cette prohibition par un préjugé religieux : le cadavre, dit-on, était regardé comme une chose impure ; sa présence souillait le culte de la cité et ne pouvait se concilier avec celle des dieux supérieurs, auxquels sont dédiées les *res sacræ*. Cette explication ne nous satisfait pas : comment comprendre, en effet, qu'au temps des croyances primitives, au moment où les superstitions étaient le plus puissantes, on ait pratiqué les inhumations dans l'intérieur des cités ? Et par contre, nous trouvons des Constitutions impériales qui étendent à toutes les villes de l'Empire la défense portée par loi des Douze Tables : n'est-il donc pas invraisemblable, si cette défense s'inspire d'une idée religieuse, qu'elle soit aggravée lorsque, précisément, il n'y plus de religion ?

(2) Dezobry, t. III, p. 86.

(3) N'est-ce pas la même idée qui, mêlée d'un peu d'ironie, se

Primitivement l'inhumation était le seul mode de sépulture : « Ac mihi quidem, » dit Cicéron (*de Leg.*, l. II, c. XXII), « antiquissimum sepulturæ genus id fuisse videtur. Redditur enim terræ corpus et ita locatum ac situm quasi operimento matris obducitur. » Les funérailles comprenaient deux cérémonies distinctes : le sacrifice d'une truie offerte à Cérès (*porca præsentanea*), précédait l'enterrement, lequel était suivi d'un banquet funèbre connu sous le nom de *silicernium*. Plus tard, à l'imitation des Grecs (1), les Romains pratiquèrent la crémation : par souvenir, cependant, pour leurs anciennes coutumes, ils coupaient un doigt du cadavre avant de le porter au bûcher (*os resectum*),

retrouve dans cette page charmante d'un illustre écrivain d'aujourd'hui :

« Ceux qui, comme moi, ont eu quelques œuvres, importantes par le nombre d'actes représentées sur la scène du Théâtre-Français, ont quelques chances de plus que les autres, même lorsqu'on ne les y représentera plus, qu'il soit encore question d'eux à cause du buste en marbre que le comité peut admettre, après leur mort, dans le foyer, les escaliers ou les vestibules. Si jamais cet honneur m'est accordé, on placera probablement le buste que Carpeaux a fait de moi en face du buste que Chapu a fait de mon père, au pied du grand escalier. Nous regarderons alors tous les deux, sans les voir passer, les belles personnes qui se rendront à leurs places, et, quand elles descendront après le spectacle, peut-être l'une d'elles, en attendant sa voiture, arrêtera-t-elle nonchalamment son regard sur cette image de marbre, et dira-t-elle quelque chose, n'importe quoi, à propos de l'homme ou de l'œuvre. Merci d'avance, madame, on ne saurait en vérité souhaiter davantage, et, pour ma part, cette petite immortalité d'encoignure me suffira parfaitement. » (Dumas fils, Préface de *l'Étrangère*.)

(1) Les Grecs regardaient le feu comme un dieu purificateur : « Ils estimaient, dit Guichard, que la meilleure chose qui pût arriver à l'homme après sa mort était d'être reçu immédiatement par un dieu, mêlé avec lui et comme couvert par sa propre substance. » (L. II, chap. I.)

ou mettaient à part un os échappé aux flammes (*os exceptum*) et faisaient à cette partie réservée les honneurs de l'inhumation. « Quum Romanus combustus est, si in sepulcrum ejus objecta gleba non est, aut si os exceptum est ad familiam purgandam, donec in purgando humo est opertus, familia funesta manet (1). »

La terre où reposait un mort était retranchée du monde profane : elle devenait *res sancta extra commercium*. Aussi ne pouvait-elle être ni aliénée ni hypothéquée, ni revendiquée ni partagée (2). Elle ne pouvait pas même faire l'objet d'une stipulation subordonnée à cette condition que le lieu cesserait d'être religieux. (Inst., C. III, tit. 20.) La stipulation d'un lieu actuellement *in commercio* s'éteignait si le lieu devenait religieux sans le fait du promettant. Lorsqu'un fonds a été vendu dans lequel se trouve un tombeau, la propriété de cette *res religiosa* ne passe pas à l'acheteur : « vendito fundo, religiosa loca ad emptorem non transeunt, nec in his jus inferre mortuum habet (3). » En conséquence, il y aura lieu à restitution de la portion du prix correspondant à cette partie du fonds (4).

Le sépulcre ne peut être grevé d'aucune servitude. « Caveri ut ad certam altitudinem monumentum ædificetur, non potest : quia id quod humani juris esse desiit, servitutem non recipit : sicut nec illa quidem servitus consistere potest, certus numerus homi-

(1) Varr., V, 23.

(2) L. 4, C., 3, 44. — L. 23, § 1 et L., 43, D., 6, 1. — L. 14, § 1, D., 8, 1.

(3) Paul, *Sent.*, l. I, tit. 21, § 7.

(4) L. 23. D., 18, 1.

num in uno loco humetur (1). » Ainsi on ne peut imposer à un tombeau la servitude *non altius tollendi*, ni limiter le nombre des personnes qui pourront y être enterrées.

Le respect des *res religiosæ* est assuré par une action spéciale, l'action *de sepulcro violato*, qui fait au Digeste l'objet d'un titre particulier (L. XLVII, tit. 12) : « Violat sepulcrum is qui infert mortuum quem jus inferendi non habet, vel qui in monumento inscriptos titulos eradit, vel statuam evertit. »

L'action *de sepulcro violato* aboutit à une peine pécuniaire et entraîne note d'infamie : elle est donnée en premier lieu à tous ceux qui ont un droit sur le tombeau ; à leur défaut, ou en cas d'inaction de leur part, l'action devient populaire et peut être exercée indistinctement par tout le monde. La violation du sépulcre, qui donnait lieu à une peine simplement pécuniaire (2), se distinguait de la violation du cadavre, laquelle était considérée comme un crime. Celui qui met à nu un cadavre enseveli ou l'expose aux rayons du soleil commet un sacrilège, et, suivant sa qualité, il sera puni de mort ou condamné à la *relegatio* : « Rei sepulcrorum violatorum, si corpora ipsa extraxerint vel ossa eruerint, humilioris quidem fortunæ

(1) L. 4 Dig., 8, 4.

(2) Un texte de Paul, cependant, prononce la peine des mines contre ceux qui ont violé un sépulcre (L. 1, tit. 20, 31) : ce texte paraît en contradiction avec ceux du Dig. *De sepulcro violato*. On peut soutenir cependant que l'action pénale et l'action pécuniaire concouraient : c'est ce qui semble résulter de la loi 5, Dig., L. XLVII, tit. 12 : « Sepulcri violati crimen potest dici ad legem Juliam de vi publica pertinere ex illa parte, qua de eo cavetur qui fecerit quid quo minus aliquis funeretur sepeliaturve : quia et qui sepulcrum violat, facit, quo quis minus sepultus sit. »

summo supplicio adficiuntur, honestiores in insulam deportantur (1).

Quoiqu'elles soient hors de commerce, les *res religiosæ* forment l'objet d'un véritable droit privé, connu sous le nom de *jus sepulcri*. Ce droit cependant n'existait que sur les *sepulcra communia* : incontestablement, il ne s'appliquait pas aux tombeaux dont le *de cujus*, par une disposition expresse, s'était réservé la propriété exclusive. « Hoc sepulcrum, » porte une inscription (2), « e pecunia mea mihi feci, in quo neminem velim nec servum nec liberum inferri. »

Quant aux *sepulcra communia*, il faut distinguer suivant qu'ils étaient *hæreditaria* ou *familiaria* : « Familiaria sepulchra dicuntur quæ quis sibi familiæque suæ constituit; hæreditaria autem quæ quis sibi heredibusque suis constituit (3). » Les sépulcres héréditaires se reconnaissent aux signes suivants : H. M. H. S. (hoc monumentum heredem sequitur) ; on lit, au contraire, sur les sépulcres de famille : H. M. H. N. S. (hoc monumentum heredem non sequitur). Le *jus sepulcri* implique avant tout pour l'héritier ou le membre de la famille qui l'obtient, le droit d'être enterré lui-même dans le tombeau : il comporte encore la faculté *mortuum inferendi*. « Monumenta quidem legari non posse manifestum est, jus autem mortuum inferendi legare nemo prohibetur (4). »

(1) Cette loi, insérée au Dig. (fr. II, L. XLVII, tit. 12), est tirée des *Sentences* de Paul, mais, en la reproduisant, Justinien l'a gravement modifiée. Les peines telles que Paul nous les indique étaient moins sévères : la violation de cadavre n'entraînait jamais que la déportation ou les mines.

(2) Relatée par Kirchmann, p. 275.

(3) L. 5 et 6 D., 11, 7.

(4) L. 14 C., *De leg.*, VI. 37.

Lorsqu'un tombeau se trouve enclavé dans le fonds d'autrui, un rescrit d'Antonin établit une servitude de passage au profit de celui qui a le *jus sepulcri.* « Si quis sepulcrum habeat, viam autem ad sepulcrum non habeat, et a vicino ire prohibeatur, imperator Antoninus cum patre rescripsit iter ad sepulcrum peti precario et concedi solere : ut quotiens non debetur, impetretur ab eo qui fundum adjunctum habeat. Non tamen hoc rescriptum, quod impetrandi dat facultatem, etiam actionem civilem inducit, sed extra ordinem interpelletur. Præses etiam compellere debet, justo pretio iter ei præstari : ita tamen ut judex etiam de opportunitate loci prospiciat, ne vicinus magnum patiatur detrimentum (1). » Ce droit de passage *ad sepulcrum* n'était pas considéré comme une servitude ordinaire ; il ne se perdait pas par le non-usage (L. 4 Dig., 8, 6) : « Iter sepulcro debitum non utendo nunquam amittitur. »

Le *jus sepulcri* peut-il résulter de la *prescriptio longi temporis ?* L'affirmative semble résulter de la loi VI au Code *de Religiosis :* « Prescriptio autem longi temporis, si justam causam initio habuit, vobis proficiet. » Mais, d'autre part, une décision contraire se trouve édictée dans un texte d'Ulpien : « Longa possessione non tribuit jus sepulcri ei, cui jure non competit. » Pour concilier ces deux solutions, plusieurs interprétations ont été proposées (2) ; mais aucune ne

(1) L. 12 pr. D., L. II, tit. 7.

(2) Nous indiquerons seulement le système de Gothofredus : « Les affranchis, dit-il, pourront acquérir le *jus sepulcri* par la *longa possessione*, car ils ont une sorte de droit de famille sur la sépulture de leur patron. Le texte d'Ulpien, au contraire, se réfère aux personnes dénuées de toute espèce de droit : c'est pour celles-là que l'acquisition par prescription est impossible. »

nous paraît avoir le caractère d'une conjecture vraisemblable, et nous nous bornons à constater la contradiction sans l'expliquer.

Nous venons de voir quels étaient les effets juridiques attachés, pour une *res*, à la qualité de *religiosa* : il nous reste à rechercher à quelles conditions un lieu devenait religieux.

L'interdiction d'inhumer un mort ne suffit pas : il faut une inhumation réelle. « Sepulcrum est, » dit Ulpien, « ubi corpus ossave hominis condita sunt. » Cependant Marcien, s'appuyant d'un passage de Virgile (*Énéide*, III, v. 305), tient pour religieux un sépulcre vide, un cénotaphe. « Cenotaphium quoque magis placet locum esse religiosum : sicut testis in ea re est Virgilius (1). »

Mais Justinien, qui reproduit cette décision, ajoute (D., l. 7. L. I. tit. 8) qu'elle est contraire à un rescrit de Marc-Aurèle et d'Ælius Verus : « Si adhuc monumentum purum est, poterit quis hoc et vendere et donare, si cenotaphium sit, posse hoc venire dicendum est : nec enim esse hoc religiosum divi fratres rescripserunt (2). »

Quoique les esclaves ne soient pas des personnes, on admet cependant que le lieu où repose leur cadavre est une *res religiosa*. « Locum in quo servus sepultus est religiosum esse Aristo ait (3). » Il en est autrement

(1) L. 6, § 5, D., I, 8. Les vers de Virgile auxquels il est fait allusion sont les suivants :

> Libabat cineri Andromache, manesque vocabat
> Hectoreum ad tumulum, viridi quem cespite inanem,
> Et geminas causam lacrymis sacraverat aras.

Sacrare est ici employé comme synonyme de *religiosum facere*.

(2) L. 6, § 1, D., *De religiosis*.

(3) L. 2 pr., D. 11, 7.

des sépulcres des ennemis : ils restent profanes et la loi permet de les violer impunément : « Sepulcra hostium religiosa nobis non sunt (1). »

Une seconde condition est nécessaire pour qu'un lieu devienne religieux : il faut que l'auteur de l'inhumation eût le droit de la faire : « Si modo ejus mortui funus ad nos pertineat, » dit Gaïus. Avant tout, celui-là est chargé de procéder aux funérailles, qui a été choisi par le défunt. Dans les mœurs romaines, ce choix était fréquent : c'était une sorte de précaution contre la négligence ou l'avarice des héritiers. Tantôt, c'était par une disposition de dernière volonté que le testateur confiait à un tiers le soin de pourvoir à sa sépulture : l'habitude, en ce cas, était de léguer quelque chose à la personne désignée. Mais le legs n'était acquis au bénéficiaire qu'autant qu'il exécutait les volontés du défunt. « Funus autem eum facere oportet quem decedens elegit : sed si non ille fecit, nullam esse hujus rei pœnam, nisi aliquid pro hoc emolumentum ei relictum est : tunc enim si non paruerit voluntati defuncti ab hoc repellitur (2). » Si après l'acquittement du legs, le légataire ne se conforme pas aux ordres du testateur, Mela estime qu'il y aura lieu à une action de dol ; selon l'opinion d'Ulpien, c'est au préteur qu'il appartiendra de statuer *extra ordinem*. « Si cui funeris sui curam testator mandaverit et ille, accepta pecunia, funus non duxerit, de dolo actionem in eum dandam Mela derepsit : credo tamen et extra ordinem eum a prætore compellendum funus ducere (3). »

(1) L. 4, D., 47, 12.
(2) L. 12, § 4, D., 11, 7.
(3) L. 14, § 2, D., 11, 8.

L'obligation d'élever un tombeau pouvait également faire l'objet d'un mandat : il est même à remarquer que c'est par exception aux principes généraux du droit, qui prohibaient le *mandatum post mortem mandantis*, que l'on validait néanmoins le mandat *ut post morten sibi monumentum fieret.*

A défaut d'une personne spécialement chargée des funérailles, ce soin revenait à l'héritier institué : « Sin autem de hac re defunctus non cavet, nec ulli delegatum id munus esi, scriptos heredes ea res contingit (1). S'il n'y avait pas d'héritier institué, c'étaient les héritiers *ab intestat*, puis les cognats suivant l'ordre de parenté, *qui funus ducebant.* Enfin, lorsque le défunt ne laissait ni successeur ni parent, c'est au magistrat qu'il appartenait de pourvoir à la sépulture et d'en recouvrer les frais sur l'actif de l'hérédité. « Prætor vel magistratus municipalis ad funus sumptus decernere debet (2). »

L'inhumation provisoire d'un cadavre, qui doit être transporté ailleurs, n'enlève pas son caractère profane au lieu dans lequel il est momentanément déposé. «Si quis eo animo corpus intulerit, quod cogitarit inde alio postea transferre, magisque temporis gratia deponere, quam quod ibi sepeliret mortuum et quasi æterna sede dare destinaverit : manebit locus profanus (3). »

Pour qu'un terrain puisse devenir religieux, il faut que les inhumations n'y soient pas interdites par la loi. Ainsi nous avons vu qu'il était interdit d'enterrer les morts dans l'intérieur des maisons et dans l'en-

(1) L. 12, § 4, D., 11, 7.
(2) L. 12, § 6, D., 11, 7.
(3) L. 40, D., 11, 7.

ceinte de Rome. Une constitution d'Adrien étendit la prohibition à toutes les cités, et la sanctionna par des peines sévères. « Divus Hadrianus rescripto pœnam statuit quadraginta aureorum in eos, qui in civitate sepeliunt, quam fisco inferri jussit; et in magistratus eamdem statuit, qui passi sunt, et locum publicari jussit et corpus transferri. Quid tamen, si lex municipalis permittat in civitate sepeliri ? Post rescripto principalia, an ab hoc discessum sit ? Videbimus, qua generalia sunt rescripta. Et oportet imperialia statuta suam vim obtinere et in omni loco valere (1). »

La dernière condition exigée pour qu'un terrain devienne religieux, c'est que l'inhumation ne blesse aucun droit; et cela, dit M. Accarias (2), suppose deux choses, savoir : qu'elle est faite par le propriétaire du terrain ou avec son agrément, et que le droit de ce propriétaire ne rencontre pas d'obstacle dans le droit d'un tiers (3). Donc, si le cadavre a été inhumé par un non-propriétaire, le lieu de la sépulture reste profane à moins que la personne lésée n'accorde après coup son consentement. Si le terrain est indivis entre plusieurs propriétaires, il faut le consentement de tous (4). Et de même, l'usufruitier a besoin du consentement du nu propriétaire et le nu propriétaire, de la permission de l'usufruitier : on n'admet d'exception à cette règle que pour la sépulture de celui qui a légué l'usufruit. « Si alius proprietatem, alius usumfructum

(1) Dig., l. XLVII, tit. 12, L. 3, § 5.
(2) *Precis de droit romain*, t. I, p. 426.
(3) L. 6 §§ 2 et 5, D. 1, 8.
(4) Il en serait autrement s'il s'agissait d'un *sepulcrum commune* : chacun des *socii* a le *jus inferendi* sans être tenu de demander l'approbation des autres : « In commune sepulcrum etiam invitis cæteris licet inferere. » (L. 6, § 2 à 5, D., 1, 8.)

habeat, non faciet locum religiosum; nec proprietarius, nisi forte ipsum, qui usumfructum legavit, intulerit, quem in alium locum inferri tam opportune non potest (1).

Si un fonds est grevé de servitude, il ne pourra pas devenir religieux sans le consentement du propriétaire du fonds dominant. Cependant, dit Ulpien (3), « si non minus commode per alium locum servitute uti potest is cui servitus debeatur, non videtur servitutis impediendæ causa id fieri, et ideo religiosus fit. »

Lorsqu'un terrain est hypothéqué, le débiteur propriétaire peut y enterrer ses parents ou s'y faire inhumer lui-même; mais il ne peut, à moins que tous les créanciers hypothécaires ne l'y autorisent, concéder à des tiers le *jus mortuum inferendi* (2).

De cette règle que lorsqu'un mort a été enseveli dans un lieu où il ne devait pas l'être le lieu ne devient pas religieux, il ne faut pas conclure qu'il soit permis à la personne dont le droit a été lésé d'enlever le cadavre. Elle s'exposerait à une action d'injures si elle procédait à cet enlèvement, sans un décret des pontifes ou un ordre du prince. « Nemo humanum corpus ad alium locum sine Augusti affatibus transferat (4). »

Quelle est donc la sanction des dispositions que nous avons examinées? En fait le propriétaire pourra s'opposer à l'inhumation, et si sa prétention est fondée, le préteur le protégera dans sa résistance en refusant à son adversaire l'interdit *de mortuo inferendo et sepulcro ædificando*. Mais cet interdit n'est qu'un moyen

(1) L. 2, § 7, Dig., 11, 7.
(2) L. 2, § 8, D., 11, 7.
(3) L. 2, § 9 et L. 3, D., 11, 7.
(4) L. 14, C., 3, 44. — Paul, *Sent.*, l. I, tit. 21, § 4.

de défense négatif, et souvent inefficace. En effet, il n'est jamais refusé au propriétaire du fonds, alors même que par suite d'une hypothèque ou d'une servitude, il n'a pas le *jus mortuum inferendi*. « Sunt personæ, quæ, quanquam religiosum locum facere non possunt, interdicto tamen de mortuo inferendo utiliter agunt, utputa dominus proprietatis, si in fundum cujus fructus alienus est mortuum inferat aut inferre velit (1). »

Dans ces conditions, lorsqu'une inhumation a été faite sans que celui, qui a le droit de s'en plaindre, l'ait connue ou ait pu s'y opposer, les textes lui accordent une action prétorienne *in factum* à l'effet d'obtenir la réparation du préjudice causé. « Si homo mortuus, ossave hominis mortui in locum purum alterius, aut in id sepulcrum in quo jus non fuerit, illata esse dicentur : qui hoc fecit in factum actione tenetur ; et pœnæ pecuniariæ subjicietur (2).

Cependant, celui contre qui est exercée cette action *in factum* pourra se soustraire à la condamnation pécuniaire, en enlevant avec les autorisations voulues le cadavre qu'il n'avait pas le droit d'ensevelir. « Is qui intulit mortuum in alienum locum, aut tollere id quod intulit, aut loci pretium præstare cogitur per in factum actionem, quæ tam heredi quam in heredem competit et perpetua est (3). »

En ce qui touche un fonds commun à plusieurs propriétaires, dont l'un a inhumé sans le consentement des autres, une difficulté s'élève. D'une part, en effet,

(1) L. 43, Dig., *De religiosis*.
(2) L. 2, § 2, D., 11, 7.
(3) L. 7, pr., D., 11, 7.

dans la loi 2 § 1 au Digeste *De religiosis*, Ulpien déclare qu'en ce cas il y aura lieu de préférer à l'action prétorienne *in factum* l'action en partage. « An et socius teneatur, si ignorante socio intulerit? tractari potest. Est tamen verius, familiæ erciscundæ vel communi dividundo conveniri eum posse. » Or, le même jurisconsulte, dans une autre loi (fr. 6 § 6, *Communi dividundo*, X, 3), rapporte l'opinion de Trébatius et de Labéon, qui donnaient l'action *in factum*. « Si quis in communem locum mortuum intulerit, an religiosum fecerit? videndum est? Et sane jus quidem inferendi in sepulcrum unicuique in solidum competit, locum autem purum alter non potest facere religiosum. Trebatius autem et Labeo quanquam putant non esse locum religiosum factum, tamen putant in factum agendum. » On a voulu voir une contradiction entre ces deux textes : cependant, comme le remarque M. Accarias, elle ne paraît guère admissible, car les deux sont non seulement du même auteur, mais extraits du même ouvrage. Il semble plutôt que dans le fragment 6 § 6 *Com. divid.* Ulpien se contente de rapporter une doctrine qu'il n'approuve pas. On peut croire aussi que peut-être le propriétaire lésé avait à choisir entre les deux actions : libre à lui d'opter pour l'action *in factum*, ou de recourir à l'action en partage s'il tenait à sortir d'indivision et non pas seulement à obtenir une indemnité.

Lorsque les conditions exigées pour qu'un terrain soit affecté d'un caractère religieux se trouvent réunies, ce qui devient *religiosus* ce n'est pas l'ensemble du fonds, mais seulement la place abandonnée au mort et le tombeau élevé à sa mémoire. « Non totus, qui sepulturæ destinatus est, locus religiosus fit, sed quatenus corpus humatum est (1). »

Quoique perpétuel, en principe, le caractère religieux des sépultures disparaît soit par suite de l'enlèvement du cadavre, soit par la prise de possession du lieu par l'ennemi.

L'enlèvement du cadavre, en principe, était toujours illicite lorsqu'il y avait sépulture définitive. « Divi fratres edicto admonuerunt ne justæ sepulturæ traditum, id est terra conditum, corpus inquietetur. Videtur autem terra conditum, e si in circula conditum hoc animo sit, ut non alibi transferatur (2). » Dans quelques cas, cependant, « ob incursum fluminis, vel metum ruinæ, vel aliam justam et necessariam causam, » le transfert du mort pouvait être autorisé, sous la République, par le collège des pontifes, et plus tard par l'Empereur seulement. La translation devait se faire la nuit : elle était précédée de sacrifices solennels destinés à apaiser les mânes troublés dans leur repos. Il paraît vraisemblable que les exhumations, originairement impossibles hors les cas de force majeure, devinrent moins rares dans la suite. Lorsque des citoyens morts loin de leur demeure avaient demandé la translation de leurs cendres, lorsque les inhumations avaient été faites au mépris des lois ou

(1) L. 2, § 5, *De religiosis*, Dig. Il faut se garder ici, dit M. Accarias, d'une interprétation trop étroite. Les terrains destinés à des tombeaux communs (*sepulcra hereditaria vel familiaria*) sont considérés comme étant entièrement religieux (L. 4, C., *De religiosis*). L'inhumation d'un seul mort suffit pour imprimer immédiatement ce caractère à tout le terrain affecté à la sépulture de plusieurs.

(2) L. 39, D., 11, 7. — Presque toutes les épitaphes reproduisent la même idée : « Ne quis nos inquietet ex arca nostra, neque ob ante aliam ponat aut commutet. — Perpetuæ securitati, domus æterna. »

des droits des tiers, la faculté jadis exceptionnelle qu'avaient les Pontifes d'autoriser l'enlèvement des cadavres devint pour eux un moyen commode de lever toutes les difficultés.

Quand l'ennemi s'emparait d'un territoire, toutes les sépultures perdaient leur caractère religieux. La servitude, qui pesait sur les vivants, dit Pomponius, pesait aussi sur les morts ; la fiction du *postliminium* s'appliquait également aux uns et aux autres. Grâce à cette fiction, lorsque l'ennemi se retirait, les tombeaux redevenaient *res religiosæ* et étaient censés n'avoir jamais été profanes. « Quum loca capta sunt ab hostibus, omnia desinunt religiosa vel sacra esse : sicut homines liberi in servitutem perveniunt. Quodsi ab hac calamitate fuerint liberata, quasi quodam postliminio reversa, pristino statui restituuntur(1).

Le caractère *divini juris* des sépultures, et, plus généralement, le respect que professaient les Romains pour les tombeaux s'expliquent, nous l'avons dit, par leurs anciennes croyances sur la mort. La mort, en effet, ne leur apparaissait pas comme une fin, mais comme une transformation de la vie. Ils croyaient à une existence souterraine, et l'idée naïve qu'ils s'en faisaient n'avait rien de commun avec la doctrine spiritualiste de l'immortalité de l'âme. « Sub terra censebant reliquam vitam agi mortuorum, » dit Cicéron (2). Les rites des inhumations démontrent clairement que, lorsqu'on enfermait un cadavre dans un sépulcre, on pensait qu'il n'était inanimé qu'en apparence : nul ne doutait qu'il n'eût conservé la sensation du besoin comme celle du plaisir, et le sentiment de la douleur. Aussi

(1) Pomponius, L. 36, Dig., *De religiosis.*
(2) Tuscul., I, 16.

enterrait-on près de lui des vêtements, des armes, des aliments : à certains jours de l'année, un repas devait être apporté à chaque tombeau. « On se tromperait beaucoup, dit M. Fustel de Coulanges (1), si l'on croyait que ce repas funèbre n'était qu'une sorte de commémoration. La nourriture que la famille apportait était réellement pour le mort, exclusivement pour lui. Ce qui le prouve, c'est que le lait et le vin étaient répandus sur la terre du tombeau ; qu'un trou était creusé pour faire parvenir les aliments solides jusqu'au mort ; que, si l'on immolait une victime, toutes les chairs en étaient brûlées pour qu'aucun vivant n'en eût sa part ; que l'on prononçait certaines formules consacrées pour convier le mort à manger et à boire ; que si la famille entière assistait à ce repas, encore ne touchait-elle pas aux mets ; qu'enfin, en se retirant, on avait grand soin de laisser un peu de lait et quelques gâteaux dans des vases, et qu'il y avait grande impiété à ce qu'un vivant touchât à cette petite provision destinée aux besoins du mort. »

Lorsqu'on cessait d'offrir le repas funèbre, le mort devenait une puissance malfaisante : on entendait, la nuit, ses plaintes menaçantes, et l'on redoutait les châtiments terribles que sa vengeance réservait toujours à la négligence et à l'impiété des vivants. Si, au contraire, les aliments étaient portés sur le tombeau aux jours fixés, l'ancêtre protégeait et aimait ceux qui l'honoraient. Il était pour eux un dieu tutélaire : on le remerciait aux heures joyeuses de la vie, et dans l'adversité c'était lui qu'on invoquait.

Ce culte des morts, qu'on désignait sous l'expression

(1) *La Cité antique*, c. I, p. 13.

significative de *parentatio*, était exclusivement domestique : dans les temps primitifs, en effet, la famille est avant tout un moyen de défense, et tout étranger est un ennemi. Le repos des mânes était troublé, quand un autre que leur parent prenait part aux sacrifices de leur *gens* (1).

Il y avait pour chaque groupe familial un rituel particulier (2) : des chants, des formules de prières, des règles pour les sacrifices et pour les offrandes. « Suo quisque ritu sacrificia faciat, » dit Varron (2). Tout cet ensemble de prescriptions et de coutumes religieuses, qui se transmettaient fidèlement de génération en génération, constituait les *sacra privata*. « Quiquid destinatum est Dis, sacrum vocatur (3).

(1) Cicéron, *de Leg.*, II, 26.

(2) Ce qu'il y avait de détails minutieux dans ce rituel ne peut s'exprimer par aucune exagération : l'érudition avec laquelle M. Bouché-Leclercq décrit la préparation du gâteau sacré (*mola salsa*) suffit à peine à donner une idée de cette liturgie :

« La *mola salsa*, composée de farine et de sel, était l'accessoire obligé de tous les sacrifices, et c'est elle qui a fait donner à l'acte du sacrifice le nom d'*immolatio*. Les épis, dont le grain devait fournir la farine, étaient cueillis du 7 au 14 mai par les trois plus âgées des vestales, qui se succédaient alternativement de jour en jour dans ce pieux office. Toutes les vestales s'occupaient ensuite de les sécher, de les égrener et de préparer la farine. Trois fois l'an, le jour des *Lupercalia* (15 février), le jour des *Vestalia* (9 juin) et aux Ides de septembre, les Vestales confectionnaient le précieux gâteau, dont elles devaient approvisionner les sacrifices publics. Elles mélangeaient à la farine du sel dont la préparation n'avait pas été moins longue, car il avait fallu le broyer dans un mortier, le soumettre dans un vase d'argile luté avec du plâtre à la chaleur du four, découper la masse fondue avec une scie de fer, et l'humecter jusqu'au jour de son emploi avec une eau courante ou du moins une eau qui n'eût point été emprisonnée dans des tuyaux. » (Bouché-Leclercq, *les Pontifes de l'ancienne Rome*, p. 65.)

(3) Macr., III, 7, 2. — Aux *sacra privata* on opposait les *sacra* de

Le soin d'assurer l'observation et la transmission des *sacra privata* était confié à une sorte de magistrature religieuse qu'on appelait le collège des pontifes. Il nous est difficile de nous faire aujourd'hui de cette juridiction une idée très précise : il semble cependant que l'on ait pu assez justement la comparer aux Tribunaux ecclésiastiques du moyen âge (1). Sa compétence comme celle des justices canoniques n'était pas limitée aux questions du *fas :* elle s'étendait à presque toutes les matières du droit civil. L'organisation de la famille, le mariage, l'adoption, la filiation, la constitution de la propriété ressortissaient davantage peut-être du *jus pontificum* que du *jus civile.*

Le mariage, notamment, avait, quant à la religion, une très grande importance. D'une part, de sa validité dépendait la succession régulière aux *sacra ;* en outre, il avait pour effet d'enlever l'épouse au culte de sa famille et de l'associer à celui de son mari. « Nuptiæ sunt divini juris et humani communicatio, » déclare la Loi 1 (Dig., 23-2) : ce texte emprunté à Modestin nous paraît prouver d'une façon décisive qu'à toutes les époques de la législation romaine, la participation de la femme à la religion du mari fut une conséquence nécessaire du mariage. Au temps du droit classique, où la *manus* n'existait plus, cette participation au culte était le résultat d'un contrat purement civil : seulement, elle cessait de plein droit le jour où ce contrat était dissout par la mort ou par le divorce. Mais, primitivement, la *communio sacrorum* se rattachait intimement aux solennités de la *manus* et plus particulièrement à

la cité (*sacra publica*) : mais ce culte public n'était qu'emprunté à des cultes privés.

(1) Ihering, *Esprit du droit romain*, t. I, p. 294, trad. Meul.

celle que Gaius nous décrit sous le nom de *confarreatio*. On appelait ainsi une cérémonie religieuse, dans laquelle on reconnaît manifestement l'influence du droit pontifical. Les futurs époux comparaissaient devant le *pontifex maximus* et le *flamen dialis* assistés de plusieurs prêtres et de dix témoins, l'union était consacrée par des paroles sacramentelles que nous ignorons, et par l'offrande symbolique d'un pain de froment (*panis farreus*, d'où *confarreatio*). « Solemnitas maxime in eo posita fuit, ut fruges et mola salsa adhiberentur, quæ nomine farris sive farrei : panis vero in omnibus fere solemnibus veterum sacrificiis obvenit. Præfuerunt cæremoniis Pontifex Maximus et Flamen Dialis, qui more solemni conjuges conjungebant : sponsus ipse cum sponsa in sellis superinjecta ovis pelle, quæ hostia fuerat, et velatis capitibus resedebat. Adhibebantur et aqua et ignis tanquam duo elementa quibus natura conjuncta habeatur, subsequebatur dextrarum conjunctio, totamque solemnitatem nullis infaustis ominibus ad finem perduci necesse erat, unde intercedens tonitru confarreationes dirimebat (1). »

Les liens contractés par la *confarreatio* ne pouvaient se dénouer que par une cérémonie opposée à la première et appelée *diffarreatio*. Les époux se réunissaient pour la dernière fois auprès de leur foyer, en présence de prêtres et de témoins. On leur offrait encore, comme au jour du mariage, un gâteau de *far ;* mais, ils le repoussaient ; la femme renonçait aux dieux de son mari et prononçait contre eux des formules de malédiction (2).

(1) Hase, *De manu juris romani antiquioris*, cité par M. Glasson, *du Consentement des époux au mariage*, p. 14.

(2) Festus, v° *Diffarreatio*.

La *confarreatio* paraît avoir été, à Rome, la forme la plus ancienne du mariage : elle n'était accessible qu'aux patriciens, et, primitivement, il semble que toutes les dignités sacerdotales étaient réservées aux enfants issus de *parentes confarreati*. Mais, dans la suite, lorsque, sauf de rares exceptions, l'accès de toutes les charges fut ouvert aux plébéiens, le mariage par confarréation, qui présentait de grandes complications, et n'était pas d'ailleurs le seul moyen de produire la *manus*, tomba en désuétude, et s'en alla, dit M. Accarias, « comme s'en vont toutes les institutions religieuses qui ont perdu le souvenir de leur origine et la conscience de leur but. » On l'exigeait encore cependant des parents des *flamines majores*, mais à la longue le recrutement des citoyens chargés de ces sacerdoces devint à peu près impossible.

A côté du mariage, que l'on peut considérer comme le moyen naturel de perpétuer les *sacra privata*, les Romains avaient organisé une institution destinée à suppléer aux unions stériles : nous voulons parler de l'adoption. On appelle ainsi un acte solennel qui a pour effet de créer artificiellement entre deux citoyens un rapport de filiation légitime. Il n'entre pas dans le cadre de notre sujet d'aborder la théorie générale de l'adoption : nous voulons seulement dire un mot des formes de cette espèce particulière d'adoption, qui, s'appliquant à un individu *sui juris*, constitue l'adrogation. Au point de vue qui nous occupe, en effet, l'adrogation présente une très grande importance : elle peut entraîner l'extinction d'un culte privé, lorsque l'adrogé est le dernier survivant de sa famille. L'intervention prépondérante des pontifes a précisément pour but d'éviter un aussi funeste résultat. A chaque adrogation proposée, il appartient au collège des pontifes de s'assurer que le changement de famille de l'adrogé n'amènera pas la ruine des *sacra* de sa race; on doit examiner également quel but se propose l'adrogeant, s'il est d'âge à désespérer d'avoir des enfants, si l'adrogation ne cache pas une spéculation pécuniaire, si elle ne tend pas à amoindrir la condition sociale de l'adrogé. Lorsque cette enquête ne révélait aucun empêchement, le Pontifex Maximus convoquait les curies en *comitia calata* (1). Une fois les curies rassemblées, le président des comices demandait successivement à l'adrogeant, à l'adrogé et au peuple s'ils consentaient à l'adrogation. La rogation adressée au peuple était ainsi conçue : « Velitis jubeatis uti (L. Valerino L. Titio) tam jure legeque filius siet, quam si ex eo patre matreque familias ejus natus esset, utique ei vitæ necisque in eum potestas siet, uti patri endo filio est. Hæc ita, uti dixi, vos, Quirites, rogo (2). » Si cette décision était votée, l'adrogé renonçait publiquement à son culte domestique (*detestatio sacrorum*); et l'adrogation se trouvait accomplie.

Ce n'était pas seulement en matière de mariage et d'adoption que la transmission des *sacra privata* était assurée par la vigilance des pontifes. Lorsque le père de famille venait à mourir, des règles spéciales étaient nécessaires pour obliger ceux qui prenaient la place du défunt, à continuer sa religion domestique. Ces règles, ce fut le droit pontifical qui les posa. Il

(1) D'assez bonne heure les *curies* cessèrent de se réunir : on les remplaça par trente licteurs, qui n'étaient que d'inutiles figurants; l'autorité des pontifes devint désormais souveraine et seule réelle en matière d'adrogation. (Accarias, *Précis de dr. rom.*, t. I, p. 211.)

(2) Gell., V., 19.

établit ce principe essentiel que tous ceux qui profitaient de la succession étaient obligés aux *sacra* : « Sacra cum pecunia pontifica auctoritate conjuncta sunt(1). » De ce principe résultaient trois règles : « Tribus modis sacris adstringi : 1° *hereditate ; 2° aut si majorem partem pecuniæ capiat ; 3° aut si major pars pecuniæ legata est.* L'obligation incombait ainsi à l'héritier naturel ou testamentaire, à l'*usucapiens pro herede*, au légataire *majoris partis.*

Cette jurisprudence avait le défaut grave d'être incomplète, car elle ne prévoyait ni l'insolvabilité de l'hérédité ni celle des débiteurs héréditaires. Lorsque le collège des pontifes, essentiellement aristocratique au début, fut ouvert en l'an 300 aux plébéiens, des idées nouvelles y pénétrèrent. La corporation perdit son caractère exclusivement sacerdotal : des membres, pour qui le droit pontifical n'était que le complément d'autres études juridiques, y furent admis. *Coruncanius*, *Scipion Nasica*, les *Scævola* s'étaient illustrés déjà dans la science du droit lorsqu'ils furent élevés à ces dignités religieuses ; ils apportèrent dans ces hautes fonctions un esprit différent de celui qui avait inspiré leurs prédécesseurs, et ils réagirent contre les anciennes traditions. En ce qui concerne notamment la transmission des *sacra*, les Scævola substituèrent aux règles, dont nous avons parlé, une autre théorie plus précise et plus juridique ; celle-ci nous est ainsi rapportée par Cicéron dans son traité *de Legibus* (II, 19) :

« Quæruntur qui adstringantur ad sacra :

I. « Hæredum causa justissima est. Nulla est enim persona, quæ ad vicem ejus qui e vita emigraverit, propius accedat.

(1) Cicéron, *De leg.*, II, 21.

II. « Deinde qui morte testamentove ejus tantumdem capiat, quantum omnes hæredes.

III. « Tertio loco, si nemo sit heres, is qui de bonis quæ ejus fuerint, quum moritur, usuceperit plurimum possidendo.

IV. « Quarto si nemo sit qui ullam rem ceperit de creditoribus ejus qui plurimum servet.

V. « Extrema illa persona est, ut is qui ei qui mortuus sit, pecuniam debuerit, neminique eam solverit, perinde habeatur, quasi eam pecuniam ceperit. »

Reprenons successivement chacune des classes de personnes désignées dans cet édit.

I. — « Hæredum (1) causa justissima est ; nulla est enim persona quæ ad vicem ejus, qui e vita emigraverit, propius accedat. »

Cette première règle est conforme à l'ancienne doctrine. Les héritiers sont les représentants naturels du défunt : on les désigne donc en première ligne. Peu importe quelle est la quotité attribuée à chacun d'eux : tous sont tenus en commun.

II. — « Deinde, qui morte testamentove ejus tantumdem capiat quantum omnes hæredes. Id quoque ordine : est enim ad id quod propositum est, accommodatum. »

Les successeurs à titre particulier étaient également obligés à la continuation du culte, lorsqu'ils prenaient dans la succession autant que tous les héritiers. Mais les légataires de plus de moitié de la succession et les institués étaient-ils tenus concurremment ? L'existence des premiers avait-elle au contraire

(1) *Hæres* s'entend ici dans un sens strict : il signifie exclusivement héritier du droit civil. (Savigny, *Vermischte Schrifften*, t. I, p. 153 à 173, trad. inéd. de M. Lyon-Caen.)

pour effet de libérer les autres? C'est là un point obscur sur lequel on a vivement et peut-être vainement discuté. M. de Savigny, qui a soutenu que la charge du culte pesait simultanément sur les légataires et les institués, n'invoque à l'appui de sa thèse qu'un argument d'analogie. Tous les héritiers, dit-il, sont tenus entre eux des *sacra*, sans qu'il y ait lieu de se préoccuper de l'importance de la part qu'ils recueillent. Ainsi un institué appelé à un dixième seulement n'est pas affranchi par le concours d'un autre *hæres* institué pour neuf dixièmes. On ne conçoit donc pas qu'un héritier qui a une vocation au tout puisse être libéré lorsqu'un légataire ne lui enlèvera que la moitié de la succession.

L'opinion contraire a été soutenue par M. Accarias, qui explique par la libération de l'héritier la raison d'être du legs partiaire. On appelle ainsi le legs d'une quote-part de l'hérédité. Le légataire partiaire n'est pas un héritier : son droit n'est qu'accessoire et dépend de l'exécution de l'institution principale ; il n'a pas la copropriété des *res corporales* et ne peut intenter l'action *familiæ erciscundæ;* la *petitio hæreditatis* lui est également refusée ; il est à l'abri des poursuites des créanciers héréditaires, mais il ne peut directement rien réclamer des débiteurs. Toutefois, à l'aide de stipulations *partis* et *pro parte*, il arrive à contribuer au passif et à prendre sa part de l'actif ; de telle sorte qu'en dernière analyse sa situation est sensiblement la même que celle de l'institué. Imaginer toute une théorie compliquée pour arriver ainsi à un résultat insignifiant, c'eût été une œuvre puérile : la *partitio* doit donc évidemment présenter un autre intérêt. C'est qu'en effet, dit M. Accarias, elle permet au testateur de séparer ses *sacra* de son hérédité, soit qu'il juge ses héritiers indignes de continuer son culte, soit qu'il veuille simplement les en décharger (1). Cette explication ingénieuse est bien faite pour nous séduire, mais elle semble difficile à concilier avec un texte de Paul (2), qui présente le legs partiaire comme une institution récente, *ut hodie fit*, dit-il. Or, dès le second siècle de l'ère chrétienne, les *sacra* avaient vraisemblablement disparu, et depuis la fin de la République des expédients subtils, que nous étudierons plus loin, permettaient aux légataires de s'en affranchir. Nous sommes donc tentés de croire que, lorsque l'obligation au culte pesait sur celui qui recueillait dans une hérédité autant que tous les héritiers, elle était commune à tous les successeurs, et l'existence de l'un ne libérait pas les autres. Ce n'était là qu'une application du principe : *ubi pecunia venerit, ibi sacra*. Ces *sacra* constituaient une charge onéreuse, et s'il était équitable d'y faire participer celui qui à titre de légataire était appelé à la moitié du patrimoine, il n'était pas moins juste que les institués, auxquels était dévolue l'autre moitié, fussent également tenus.

Au cas où il n'y a ni héritier, ni légataires *majoris partis*, la suite du *de Legibus* nous indique une nouvelle série de personnes :

III. — « Tertio loco, si nemo sit hæres, is qui de bonis, quæ ejus fuerint, quum moritur, usuceperit plurimum possidendo. »

Ce texte fait principalement allusion au successeur

(1) Accarias, t. I, p. 040.
(2) Dig., fr. 23, L. XXX, tit. I.

prétorien, qui n'était pas compris sous la dénomination de *hæres* et n'avait que le titre de *bonorum possessor*.

Purement attributive, à ses débuts, de la possession provisoire d'une succession litigieuse, la *bonorum possessio* était devenue peu à peu la sanction d'un véritable droit successoral : elle conférait à celui qui l'obtenait une propriété inférieure qu'on appelait bonitaire et qui présentait des traits nombreux de ressemblance avec la possession de bonne foi. L'une et l'autre avaient ce caractère commun qu'elles se transformaient en domaine quiritaire à l'aide de l'usucapion : c'est là ce qui nous explique cette expression de Cicéron : *qui usuceperit bona* (1). On a cependant soutenu que les *sacra* ne passaient pas au *bonorum possessor*, ou tout au moins que dans notre passage du *de Legibus*, il n'était pas question de cette transmission. Sans nous arrêter à ce qu'il y aurait d'inexplicable dans cette omission, nous nous contenterons de remarquer qu'en l'admettant, la législation eût été bien peu prévoyante. En effet, ce n'étaient pas seulement les héritiers appelés par le droit prétorien, c'étaient aussi les héritiers du droit civil, qui pouvaient demander la *bonorum possessio ;* cette demande eût été pour eux un moyen commode de s'affranchir de la charge des *sacra*, et l'on ne conçoit pas qu'il eût été besoin, pour atteindre ce résultat, d'imaginer plus tard tant de procédés compliqués, s'il y en avait eu depuis longtemps un autre si simple.

Nous ne faisons, du reste, aucune difficulté à re-

(1) A plusieurs reprises, d'ailleurs, la succession prétorienne est appelée simplement *possessio*. (Cicéron, *in Verrem*, I, 44, 45 ; *Pro Cluentio*, c. LX.)

connaître que le *bonorum possessor* ne saurait être seul considéré comme *usu capiens bona*. Lorsqu'un héritier appelé à une succession n'en avait pas pris possession, le droit ancien reconnaissait à chacun la faculté de s'emparer des biens héréditaires et de les usucaper, sans qu'il fût besoin de juste titre ou bonne foi (1). Cette usucapion, si profondément contraire à l'équité, ne s'expliquait que par un double intérêt d'ordre public. On voulait d'abord, nous dit Gaïus, assurer la condition des créanciers, « ut creditores haberent a quo suum consequerentur. » Mais ce qu'on voulait surtout, c'était abréger l'interruption du culte (2) : « Voluerunt veteres maturius hæreditates adiri ut essent qui sacra facerent, quorum illis temporibus summa observatio fuit (3). » L'acquisition de l'hérédité usucapée s'opérait en bloc et à titre universel : l'acquéreur était tenu de toutes les obligations héréditaires ; il était continuateur du culte. Sa situation était la même que celle du *bonorum possessor*. Tous deux arrivaient par la même voie au domaine quiritaire : *usu capiunt possidendo*, l'un *pro hærede*, l'autre *pro suo* (4).

A leur défaut, les obligations religieuses passent à une quatrième classe de personnes, que le texte de Cicéron n'a pas clairement déterminées.

IV. — « Quarto, si nemo sit qui ullam rem ceperit de creditoribus ejus, qui plurimum servet. » On a

(1) Gaius, II, § 52 et sq.

(2) Machelard, *Théorie des interdits*, p. 70.

(3) Gaius, *loc. cit.*

(4) L'abandon ultérieur des *sacra* enleva tout intérêt à l'usucapion *pro herede*. Transformée d'abord en un mode d'acquisition à titre particulier, elle ne put, à partir d'Adrien, être opposée aux héritiers civils ou prétoriens. Marc-Aurèle enfin l'abolit définitivement en organisant le *crimen expilatæ hæreditatis*.

longtemps interprété ce passage en ce sens qu'en cas de concours entre créanciers, celui d'entre eux qui recouvre la plus grande partie de sa créance est tenu de *sacra*. Cette explication était bien loin d'être satisfaisante, car à quel titre un créancier, qui reçoit déjà moins qu'il ne lui est dû, aurait-il en outre à supporter une charge dont la cause suppose un profit ? Bien plus, comment concilier avec les principes généraux du droit l'hypothèse d'un « creditor », *qui plurimum servet.* » Lorsque les biens d'un défunt sont vendus, ils sont adjugés à l'acheteur, qui s'engage à payer le dividende le plus élevé : ce dividende est le même pour chacun des créanciers ; tous reçoivent proportionnellement des parts égales et sauvegardent dans la même mesure leurs droits respectifs. Que si, par contre, on considère la situation de l'adjudicataire du patrimoine, du *bonorum emptor*, on sera porté à voir en lui une sorte d'ayant cause du de cujus. La *bonorum venditio*, en effet, constitue ce qu'on a très justement appelé une *succession extraordinaire* (1) : elle opère transmission *uno ictu* de l'universalité des biens. L'*emptor* est traité comme un héritier prétorien ; il a, pour se mettre en possession, un interdit *possessorium* analogue à l'interêt *quorum bonorum ;* il exerce fictivement (2), *tum si hæres esset*, les actions du défunt : il devrait donc logiquement être aussi bien que le *bonorum possessor* successeur religieux obligé aux *sacra* (3). C'est là ce que M. de Savigny a soutenu ; et, pour établir son opinion, il lui suffit d'apporter à notre texte du *de Legibus* une assez légère correction ; il y supprime le

(1) M. Gide à son cours.
(2) Gaius, II, § 86.
(3) Savigny, *Ver. Sch.*, *loc. cit.*

mot *de*. Le sens n'a plus alors rien d'obscur : « Quarto, qui si nemo sit, qui ullam rem ceperit, creditoribus ejus qui plurimum servet. » (En quatrième lieu, le culte passe à celui qui assure aux créanciers le plus fort dividende, c'est-à-dire au *bonorum emptor*.)

V. — « Extrema illa persona est ut si quis ei qui mortuus sit pecuniam debuerit, eam solverit, perinde habeatur quasi eam pecuniam ceperit. »

Lorsqu'une succession n'était recueillie ni par un héritier ni par un *bonorum possessor*, lorsqu'elle n'était ni vendue par les créanciers ni usucapée *pro hærede*, elle était dans le droit ancien *res nullius*. Les biens héréditaires restaient vacants et sans maître : ce fut seulement sous Auguste que la loi *Julia caducaria* les déféra au fisc (1). Quant à la charge des *sacra*, elle incombait aux débiteurs du défunt, qui, libérés de leurs dettes, étaient censés hériter de cette libération (2) : on considérait que c'était par une sorte de succession fictive qu'ils conservaient ce qu'ils auraient dû payer, et leur obligation au culte n'était là encore qu'une application de la règle : « adjuncta sunt sacra ad quos ejusdem mortis pecunia venerit. »

Après avoir exposé les principes que le droit pontifical avait établis en vue d'assurer la perpétuité de la religion domestique, Cicéron nous apprend que les pontifes eux-mêmes imaginèrent des subtilités juridiques pour tourner les lois qu'ils étaient chargés d'appliquer. C'est, en effet, un trait caractéristique

(1) Ulpien, XXVIII, § 7, II.

(2) Le débiteur du défunt qui parvenait pendant un an à échapper à toute action était considéré comme un *usucapiens pro herede*.

des mœurs romaines à la fin de la République que cet exemple de scepticisme donné par les castes sacerdotales. L'influence des philosophes et des jurisconsultes, leur participation aux fonctions théocratiques expliquent en partiela nature singulière de cette décadence religieuse, dont le signal fut donné par ceux que leur mission aussi bien que leur intérêt semblaient désigner comme les défenseurs naturels de toutes les superstitions. Plus haut, déjà, nous avons indiqué quel fut dans le collège des pontifes le rôle des *Coruncianius* et des *Scævola :* ce sont eux qui, pour affranchir les *legatarios majoris partis* de la charge des *sacra* eurent l'idée de l'expédient suivant. Le testateur faisait en principe *partitio* d'une quotité égale à celle qui devait revenir aux institués : seulement, il retranchait de ce legs partiaire une somme insignifiante (centum nummi); la part du légataire était ainsi inférieure à celle des héritiers, et, par une application littérale de la loi, on le déclarait exempt de toute obligation au culte (1). Plus hardi encore, un autre pontife, « jurisconsultus Marius pontifex idem, » rendit cette *deductio* superflue : il décida qu'il suffirait au légataire de ne pas réclamer tout ce qui lui avait été légué. En effet, à défaut d'une disposition expresse, la quotité du legs était fixée par la jurisprudence à la moitié de la succession (2) : l'abandon d'une petite partie, si faible qu'elle fût, avait donc pour effet de rendre les vocations inégales et de n'imposer les *sacra* qu'aux héritiers. On pouvait encore arriver au même résultat par un troisième procédé : le *legatarius* abandonnait fictivement son droit et

(1) *De legibus*, II, § 21.
(2) Ulpien, R., XXIV, § 25.

libérait l'héritier : aussitôt libéré, celui-ci s'engageait par stipulation à payer une somme exactement équivalente à la valeur du legs. Le légataire ainsi n'avait à supporter aucune perte, mais il était réputé ne rien recevoir du défunt, et il échappait ainsi à toute obligation au culte.

Les héritiers eux-mêmes pouvaient parfois s'en affranchir en faisant une *cessio in jure hereditatis* (1). Ce mode de transmission opérait à titre universel et transportait sur la personne du cessionnaire tous les droits actifs et passifs de la succession, les *sacra* notamment : le cédant avait la même situation que s'il eût renoncé. Et cependant, la cession et la répudiation différaient profondément dans leurs raisons d'être. La répudiation s'explique le plus souvent par l'insolvabilité de l'hérédité : le renonçant, pour ne pas s'exposer à perdre, se résout à ne rien gagner. Celui, au contraire, qui fait une *cessio in jure* ne se dépouille pas sans stipuler, en retour, quelque équivalent : normalement, en effet, ce qu'il cède, c'est une succession solvable ; on conçoit que le cessionnaire puisse être un donataire ; mais presque toujours c'est un acheteur. Cette aliénation *per universitatem* constituait ainsi pour l'héritier un moyen commode de retirer de sa vocation un profit net, sans s'embarrasser d'aucune charge ; mais elle n'était pas toujours possible. En premier lieu, elle supposait que l'adition d'hérédité n'était pas faite : après l'adition, elle ne pouvait que transférer la propriété des choses corporelles, mais l'héritier demeurait tenu envers les créanciers du *de cujus* qu'il avait faits siens en accep-

(1) Ulpien, R., XIX, § 11 à 15 — Gaius, C. II, 34, 35.

tant la succession, et vis-à-vis desquels la cession était une *res inter alios acta :* quant aux débiteurs héréditaires, ils restaient sans créancier, et partant leurs obligations s'éteignaient. L'inexistence d'une adition n'était pas, du reste, la seule condition exigée pour la validité d'une *cessio in jure hæreditatis :* celle-ci, en outre, ne pouvait être faite que par un successeur *ab intestat*. Le respect que professaient les Romains pour les volontés d'un testateur s'opposait à ce qu'un institué pût disposer au profit d'un tiers d'une personnalité juridique, que seul il était appelé à continuer. S'il le faisait, l'acte était nul et sans effet. A cette hypothèse d'une cession réalisée par un héritier testamentaire, les Sabiniens assimilaient le cas d'une cession accomplie par un héritier nécessaire et décidaient qu'elle devait être entièrement inopérante. Les Proculiens, au contraire, lui appliquaient les règles des transferts réalisés par les successeurs *ab intestat*, postérieurement à leur adition. Ces deux opinions, que nous signalons sans les discuter, conduisaient à des résultats identiques, quant à la question qui nous occupe, celle de la transmission des *sacra :* ceux-ci restaient à la charge de l'héritier nécessaire, quelle que fût la solution de la controverse. Seul, l'héritier *ab intestat* externe qui n'avait pas fait adition pouvait employer avec fruit le procédé de l'*in jure cessio*.

Le plaidoyer *pro Murena* (ch. XII) nous signale un dernier subterfuge : « Jurisconsultorum ingenio, nous dit-il, senes ad coemptiones faciendas interimendorum sacrorum causâ reperti sunt. » Ce texte a soulevé de grandes difficultés d'interprétation. La première explication qu'on en a proposée tendait à considérer la *coemptio* comme un mode d'aliénation par voie de mancipation. L'*heres* vendait fictivement sa succession à un vieillard, qui la lui restituait sans les *sacra*. Cette opinion est aujourd'hui universellement abandonnée : les Institutes de Gaius nous déclarent, en effet, que la mancipation n'était pas un mode de transmission à titre universel; et si on suppose que la cession a eu pour objet non pas le *jus heredis* pris dans son ensemble, mais les divers biens compris dans les successions et considérés individuellement, il faut en conclure que l'héritier n'a pu se dépouiller de son titre et se libérer des *sacra*.

Suivant une autre doctrine, le testateur prenait pour *familiæ emptor* un senex auquel il donnait mandat de transférer l'hérédité non pas comme une *universitas*, mais comme une collection sans unité : l'institué n'était ainsi qu'un ayant cause à titre particulier. Cette dérogation à tous les principes généraux du droit successoral aurait besoin de s'appuyer sur quelque texte : elle paraît, du reste, absolument inconciliable avec tout ce que nous savons sur le *familiæ emptor*, qui, du jour où il n'est plus l'héritier lui-même, devient un personnage purement fictif et n'a que le caractère d'un simple témoin.

Nous ne rapportons que pour mémoire une troisième opinion, d'après laquelle il faut voir dans la phrase de Cicéron une allusion à l'hypothèse d'un créancier obligé au culte : ce créancier cède son droit et la charge que ce droit inplique à un tiers, qui seul sera tenu des *sacra*. Nous croyons, en effet, avoir précédemment démontré qu'un créancier n'a jamais à supporter les *sacra* de son débiteur.

Nous arrivons au système le plus plausible, celui

de Savigny. Ce système conserve au mot *coemptio* son sens naturel, tel qu'il résulte de textes nombreux et de plusieurs passages de Cicéron lui-même. Sous cette expression, on désigne un mode de constitution de la *manus*. Analogue à la mancipation, dont elle diffère cependant par sa formule, la *coemptio* s'applique en principe à la femme mancipée à son mari. C'est là l'objet normal de la *manus*, mais ce n'est pas le seul : cette puissance, en effet, peut être constituée non seulement au profit du mari, mais encore au profit d'un tiers quelconque. Dans notre espèce, notamment, la femme s'adresse à un homme de son choix, ordinairement à un vieillard auquel elle se mancipe. Elle devient ainsi *alieni juris*, et le *senex* acquiert sur sa personne des droits analogues à ceux que la loi reconnaît au *paterfamilias* sur ses enfants. Qu'en cet état, il lui donne l'ordre de faire adition, et par elle il devient héritier. Le culte, dès lors, lui est irrévocablement transmis, et il suffit d'une émancipation et d'une restitution pécuniaire (2) pour que la femme affranchie des *sacra* recouvre à la fois sa liberté et le profit de sa vocation héréditaire. Elle n'est tenue qu'à indemniser le vieillard des frais des sacrifices; l'âge avancé du *coemptionalis* permet d'espérer que cette charge ne tardera pas à s'éteindre : c'est là ce qui nous explique le choix d'un *senex* (2). Telle est l'interprétation proposée

(1) Pour assurer cette restitution, des stipulations intervenaient ordinairement entre le *senex* et les parents de la femme.

(2) Plaute (*Bacch.*, IV, IX, 52) ; Cicér. (*Ad fam.*, VII, 20), entendent par *senes coemptionales* de vieux esclaves hors de service vendus en masse ou cédés à titre de complément accessoire d'un marché plus important. Savigny ne pensait pas qu'il pût y avoir rien de commun entre ces *senes* et ceux dont il est parlé dans

en 1812 par l'illustre fondateur de l'école historique, qui, en cette occasion comme en plusieurs autres, a fait preuve d'une merveilleuse perspicacité. Sa doctrine, en effet, a rencontré dans le manuscrit de Gaius publié pour la première fois en 1817 une importante confirmation. Les §§ 114 et 115 Com. 1 nous déclarent expressément que la *manus* peut être établie *fiduciæ causâ* et nous en citent deux applications. Ils gardent le silence, cependant, sur celle que nous venons d'étudier : c'est qu'en effet à la fin du second siècle de notre ère les *sacra* avaient entièrement disparu.

notre ch. XII, *pro Murena*. Tout récemment, M. Ihering a découvert une conciliation fort ingénieuse : « De même, dit-il, qu'un insolvable pour s'éviter l'infamie de la *bonorum venditio* instituait héritier son esclave, ainsi une femme qui voulait s'affranchir d'un culte domestique achetait, pour l'en charger, un *servus* sans valeur avec lequel elle faisait *coemptio*. Ce *servus* est le même dont il est parlé dans le *pro Murena*, les comédies de Plaute et la correspondance de Cicéron. » (Ihering, *Esp. du Droit Rom.*, trad. Meul., t. IV, p. 275.)

DE L'ACQUISITION

DE LA POSSESSION ET DE LA PROPRIÉTÉ DES LEGS

EN DROIT FRANÇAIS

I

DE L'INSTITUTION D'HÉRITIER ET DE LA DIVISION DES LEGS.

Ce n'est pas le moindre intérêt de l'histoire du droit que de montrer ce qu'il a fallu de temps, de travaux et de discussions pour dégager certaines idées, qui sont aujourd'hui universellement admises et qui, en elles-mêmes, semblent si simples qu'on en est à se demander comment il a pu se faire qu'on les ait jamais contestées. « Je suppose, dit M. Sumner-Maine (1), qu'il n'est personne qui, parlant de l'idée vulgaire ou même légale d'un testament, ne s'imaginât que certaines conditions y sont nécessairement attachées. On dirait, par exemple, qu'un testament n'a d'effet qu'à la mort du testateur; qu'il est secret, c'est-à-dire non connu des personnes intéressées dans ses dispositions; qu'il est révocable, c'est-à-dire toujours susceptible d'être remplacé par un nouveau testament. Cependant, je pour-

(1) Sumner-Maine, *l'Ancien Droit dans ses rapports avec l'histoire de la société primitive et avec les idées modernes*. Trad. de M. Courcelle-Seneuil, p. 68.

rais montrer qu'il y eut une époque où aucune de ces conditions n'était attachée à un testament. Les testaments romains, desquels descendent directement les nôtres, produisaient effet à l'origine aussitôt qu'ils étaient faits ; ils n'étaient pas secrets; ils n'étaient pas révocables. Peu d'actes légaux sont, en réalité, le résultat de causes historiques plus complexes que celui par lequel les intentions écrites d'un individu règlent la disposition de ses biens après son décès. C'est lentement et peu à peu que les testateurs ont réuni les conditions que j'ai mentionnées sous l'influence de causes et sous la pression d'événements qu'on peut appeler fortuits, ou qui, en tout cas, n'ont aucun intérêt pour nous aujourd'ui, si ce n'est en ce sens qu'ils ont affecté l'histoire du droit. »

Ce que le savant professeur d'Oxford dit de la notion du testament en général, on pourrait le dire en particulier de celle du legs. Le principe que pose l'art. 1002 du Code civil : « *Toute disposition testamentaire vaut comme legs, quelle que soit la forme sous laquelle elle ait été faite*, » paraît être, au premier abord, une règle de bons sens et une vérité d'évidence ; et cependant, ce n'est que le dernier terme d'une très longue évolution.

A l'origine de la législation romaine, les jurisconsultes avaient imaginé, pour assurer la perpétuité des *sacra*, de distinguer dans l'individu une personnalité légale, qui survivait à la personne physique. Lorsqu'un citoyen mourait, il fallait qu'un autre prît sa place dans la *gens* et continuât cette personnalité, qui ne disparaissait pas avec le défunt, et à laquelle se rattachait tout un ensemble de droits et d'obligations. Aussi ce qui, à cette époque, caractérise le testament, ce qui en est la disposition essentielle, c'est la désignation de celui qui va succéder *in universum jus defuncti*, c'est l'institution d'héritier. « Institutio heredis, dit Gaius (1), est caput et fundamentum totius testamenti. » Cette institution est la condition nécessaire de toutes autres dispositions accessoires : exhérédations, substitutions pupillaires, legs, *fideicommis*, affranchissements, nominations de tuteur : la validité de ces dispositions accessoires dépend de la validité de l'institution principale. « Si nemo subiit hæreditatem, omnis vis testamenti solvitur (2). » Une pareille règle est évidemment arbitraire ; et c'est en vain qu'on a cherché à l'expliquer par cette idée que les dispositions d'un testament autres que l'institution sont une charge de l'hérédité. Comment, en effet, la nomination d'un tuteur pourrait-elle être considérée comme une charge imposée à l'héritier (3) ?

Le plus souvent une théorie arbitraire oblige à des inconséquences dans la pratique. Et, en effet, cette doctrine rigoureuse sur les effets de l'*institutio heredis* conduisait parfois à violer si manifestement la volonté du testateur que l'on dut reculer devant certaines conséquences trop contraires à l'équité. C'est ainsi que le préteur fut amené à déroger au principe dans les cas suivants.

I. Lorsque l'héritier institué était en même temps héritier naturel et qu'il refusait de faire adition *ex testamento* pour n'accepter qu'*ab intestato*, on décida qu'il n'en serait pas moins tenu des charges imposées

(1) Comm., II, § 229.
(2) L. 181, D., *De regulis juris*, l. L, tit. 17.
(3) M. Accarias, ann. 1879-80, *Cours de Pandectes sur les Réformes de Justinien en matière successorale*.

par le testateur. « Prætor voluntatem defunctorum tuetur et eorum calliditati occurrit, qui omissa causa testamenti ab intestato hereditatem partemve ejus possident ad hoc, ut eos circumveniant, quibus quid ex judicio defuncti deberi potuit, si non ab intestato possideretur hereditas, et in eos actionem pollicetur (1). »

II. Une solution analogue prévalut dans le cas où l'héritier se faisait payer sa répudiation par celui qui devait en profiter : les charges que le renonçant voulait faire tomber furent maintenues (D., l. II, L. 29, tit. 4).

III. Bien plus, lors même que l'institué ne recevait rien pour renoncer, s'il avait agi dans le but de ruiner le droit des légataires, ceux-ci conservaient une action contre la personne à qui profitait la répudiation. « Si quis pecuniam non accepit, simpliciter autem omisit causam testamenti, dum vult præstitum ei, qui substitutus est, vel legitimo, numquid locus non sit edicto? Plane indignandum est circumventam voluntatem defuncti. Et ideo si liquido constiterit, in necem legatariorum hoc factum, quamvis non pecunia accepta, sed nimia gratia collata dicendum erit, locum esse utili actioni adversus eum, qui possidet hereditatem (2). »

IV. Lorsque le préteur accorde une *bonorum possessio contra tabulas*, il transfère à la charge du *bonorum possessor* les libéralités que le testateur a laissées à ses descendants ou ascendants, à sa femme ou à sa bru. « Hic titulus, dit Ulpien (libro XL, ad Edictum) æquitatem quamdam habet naturalem, et ad aliquid

(1) Ulpien, Dig., l. XXIX, tit. 4, L. 1.
(2 D. l. XXIX, tit. 4, L. 4.

novam ut, qui judicium patrio rescindunt per contra tabulas bonorum possessionem, ex judicio ejus quibusdam personis legata, et fideicommissa præstarent, hoc est liberis et parentibus, uxori nuruique dotis nomine legatum (1). »

A ces dérogations introduites par le droit prétorien les Constitutions impériales en ajoutèrent deux autres :

A. *Jure civili*, l'omission des filles et des petits-enfants ne nuisait pas à la validité du testament : elle avait simplement pour effet de donner ouverture en faveur de la personne omise à un *jus accrescendi.* En vertu de ce droit d'accroissement, le descendant omis est réputé inscrit au testament, et il est tenu des legs en proportion de la part qu'il recueille. Cette part est une part virile lorsque le testateur a institué des *sui;* elle est égale à la moitié de la succession, lorsqu'il y a des *extranei.* Sous le droit honoraire, l'omission des héritiers qui auraient dû être exhérédés produisit des effets différents. Le préteur accorda aux personnes omises la *bonorum possessio contra tabulas :* logiquement, il aurait fallu en conclure que, le testateur étant réputé mort *intestat*, ses filles et petits-enfants pouvaient dans tous les cas se soustraire à la charge desgs, le et, en présence d'*extranei*, réclamer la totalité de l'hérédité. Ce résultat fut, en effet, admis pour les petits-enfants : mais en ce qui concerne les filles, un rescrit d'Antonin décida qu'elles n'obtiendraient pas davantage (2) par la *bonorum possessio* que par le *jus accrescendi.*

B. Lorsque les institués ou substitués répu-

(1) D., l. XXXVII, tit. 5, L. 1.
(2) Gaius, II, § 125 et 126. — L. 4 au Code, l. VI, tit. 22.

dient, et qu'aucun successeur *ab intestat* ne se présente, une constitution de Marc-Aurèle (1) décide que les biens du défunt seront attribués aux esclaves affranchis par testament, qui s'engageront à exécuter toutes les charges imposées par le testateur à l'héritier. Cette attribution, particulièrement destinée à assurer les affranchissements, est connue sous le nom d'*addictio bonorum libertatum conservandorum causa.*

Si nous arrivons maintenant à la législation de Justinien, nous voyons qu'elle apporte encore de nouvelles exceptions au principe du droit primitif :

1° Dans l'hypothèse d'une *querela inofficiosi testamenti*, lorsque la demande du *querelans* réussissait, l'institution tombait et avec elle les legs et toutes les charges accessoires. Justinien dans sa Novelle 115 (cap. 3, § 14, cap. 4, § 9) établit que désormais le succès de la *querela* n'entraînerait que la rescision de l'institution, mais laisserait subsister les autres dispositions.

2° L'Authentique I (cap. 2, § 2) permet au testateur d'écarter par une disposition expresse l'application de la loi Falcidie : si par suite de cette disposition l'institué renonce, sa répudiation n'empêchera pas le maintien des legs et charges.

Outre ces deux innovations, nous en rencontrons une troisième plus importante et d'un caractère plus général. Dans la Novelle I (§ 1, *præfatio;* ch. I et chap. IV), Justinien décide que l'héritier qui n'exécute pas les legs sera déchu : à sa place il appelle un certain nombre de personnes (1° substitué vulgaire; 2° autres institués; 3° légataires et fidéicommissaires, etc.),

(1) Inst., l. III, tit. 11.

lesquelles sont obligées de garantir l'exécution complète du testament. Cette constitution soulève une grosse controverse. On se demande si elle suppose que l'institué révoqué a déjà fait adition : en ce cas, il y aura simplement dérogation à la règle, *Semel heres semper heres*. Que si au contraire l'hypothèse visée est celle où l'adition n'a pas été faite, la solution de la Novelle implique le renversement et l'abrogation du principe : *Institutio est fundamentum testamenti.* M. Accarias (1), qui a longuement et savamment discuté la question, conclut au maintien du principe. Il invoque d'abord le texte même de l'Authentique, qui dit en parlant des héritiers : « Hi vero bona appetunt eaque accipiunt... » (οἱ δὲ ταῦτα λαμβάνουσι, et plus loin, μετὰ προσέλευσιν). D'autre part, si dans le chapitre qui nous occupe on eût visé le cas où l'institué a négligé l'adition, comment expliquer l'utilité de la décision du chapitre II, d'après laquelle les legs et charges subsistent lorsque l'*heres*, auquel le testateur interdit d'invoquer la Falcidie, répudie? Ces raisons semblent décisives; aussi croyons-nous que, dans le dernier état de la jurisprudence romaine, il est encore vrai de dire que l'institution d'héritier est la disposition essentielle et fondamentale du testament (2).

Ces principes passèrent dans notre ancien droit écrit et s'y perpétuèrent : l'Ordonnance de 1735 les consacra. « Un testament, dit Furgole, qui ne contiendrait point d'institution d'héritier serait absolu-

(1) Cours de Pandectes, 1879-80.

(2) Il importe de remarquer, cependant, que le Droit romain arrive indirectement à permettre de véritables dispositions testamentaires indépendantes de toute institution d'héritier. On admit, en effet, qu'un codicille *ab intestat* pourrait valablement contenir des *fideicommis*. (Institutes, l. II, tit. 25.)

ment nul et inutile pour toutes les dispositions qu'il renfermerait. »

Dans le nord de la France, on suivait, au contraire, un système entièrement différent. La plupart des coutumes, s'inspirant du droit germanique, ne reconnaissaient pas à la volonté de l'homme le pouvoir de faire un héritier. On n'accordait ce titre d'héritier qu'aux parents légitimes : c'est à eux que les successions étaient déférées *ab intestat;* seuls, ils étaient saisis et représentaient le défunt. Tout ce que le testateur pouvait faire, c'était de disposer, à titre de legs, de quotités de biens ou d'objets particuliers, dont le bénéficiaire devait demander délivrance aux héritiers du sang. Certaines coutumes poussaient si loin l'aversion pour l'institution d'héritier, qu'elles refusaient de la faire valoir comme legs.

Les rédacteurs du Code civil, en face de ces deux législations, ont répudié, tout à la fois, le formalisme romain, les prédilections et les antipathies coutumières. Ils ont laissé pleine liberté au testateur; et ils ont édicté ce principe, que nous nous étonnons de voir apparaître si tard : *Toutes les dispositions testamentaires, alors même qu'elles seraient faites sous la dénomination d'institution d'héritier, seront valables comme legs, et produiront effet jusqu'à concurrence de la quotité disponible.*

La loi, après avoir ainsi défini les legs, les divise en trois classes : les legs universels, les legs à titre universel et les legs particuliers ou à titre particulier.

Aux termes de l'art. 1003, « le legs universel est la disposition testamentaire par laquelle le testateur donne à une ou plusieurs personnes l'universalité des biens qu'il laissera à son décès. » Cette universalité est indépendante des éléments qui la constituent : c'est une abstraction et elle peut ne représenter pour le légataire qu'un droit théorique, dont l'objet est purement imaginaire (1).

Peu importe que le testateur vende ultérieurement tous les biens qu'il possédait au jour de la confection du testament : ce testament restera valable, quoique l'art. 1038 considère comme une cause de révocation du legs l'aliénation par le testateur de la chose léguée. C'est qu'en effet le legs universel ne porte ni sur une chose ni sur plusieurs : il répond à une véritable entité (2).

Pour que la loi reconnaisse à un legs ce caractère *universel*, il n'est pas nécessaire que le légataire recueille effectivement l'universalité des biens que le testateur laisse à son décès ; il suffit qu'il ait une aptitude éventuelle à la recueillir. L'art. 1003 dit lui-même qu'il peut y avoir plusieurs légataires universels : il en résulte que, s'ils survivent au testateur et s'ils acceptent le bénéfice du legs, leur concours donnera nécessairement lieu à un partage. Mais si tous les appelés font défaut sauf un seul, celui-ci prendra l'hérédité tout entière *jure non decrescendi*. Vocation éventuelle au tout, tel est donc le caractère distinctif du legs universel.

Le legs à titre universel, au contraire, se limite à une fraction, et si le testateur en a fait plusieurs, les

(1) Il en sera ainsi toutes les fois que l'actif ne sera pas supérieur au passif, toutes les fois aussi que le testateur aura disposé individuellement de tous les éléments de son patrimoine. Dans ce second cas, le légataire universel ne sera en réalité qu'un exécuteur testamentaire.

(2) Cass., 1er déc. 1851. Sirey, 52, II, 25. (Marcadé, *Revue critique*, t. II, p. 335.)

droits des colégataires restent distincts. Les défaillances des uns ne profitent pas aux autres; les parts caduques sont dévolues aux héritiers *ab intestat*. Le Code énumère les dispositions qui constituent des legs à titre universel. « Le legs à titre universel est celui par lequel le testateur lègue une quote-part des biens dont la loi lui permet de disposer, telle qu'une moitié, un tiers ou tous ses immeubles, ou tout son mobilier ou une quotité fixe de tous ses immeubles ou de tout son mobilier. » (Art. 1010.) Le legs à titre universel se confondait dans notre ancienne jurisprudence avec le legs universel (1); et les rédacteurs du Code s'étaient d'abord conformés à cette tradition (2). Mais lorsqu'ils eurent décidé qu'en l'absence de réservataires les légataires appelés à l'universalité du patrimoine auraient la saisine, ils furent naturellement amenés à distinguer le légataire universel du légataire à titre universel.

En fait, cette distinction est avant tout une question d'intention : il ne faut guère s'attacher aux dénominations souvent inexactes employées par le testateur, et il importe de se préoccuper davantage de ce qu'il a voulu dire que de ce qu'il a dit. Ainsi, un testateur a institué deux légataires universels Primus et Secundus, et par une clause spéciale il a déterminé la fraction que prendrait Primus et réservé le reste à Secundus : dans cette espèce, il a été jugé que, quelles que fussent les expressions du testament, Secundus était seul légataire universel (3). Inversement, l'assignation de parts faite par le testateur à ceux qu'il désignait comme ses

(1) Pothier, *Don. test.* ch. II, sect. I, § 2.

(2) V. l'art. 871, C. civil, et Demolombe, tit. 21, l. III, t. II, ch. V.

(3) Arrêt de Cassation du 9 août 1858, Sir., 58, 1, 789.

légataires universels peut ne pas avoir pour but de restreindre la vocation solidaire de chacun d'eux. Aussi a-t-on décidé en pareille hypothèse qu'il n'y avait pas legs à titre universel (1).

On s'est demandé s'il fallait voir un legs universel dans l'attribution successive de la totalité des biens à Primus, puis à Secundus par deux phrases distinctes du même testament. L'affirmative au premier abord ne paraît pas douteuse puisque l'art. 1003 déclare expressément que la disposition par laquelle le testateur donne à plusieurs personnes l'universalité des biens qu'il laissera à son décès, constitue un legs universel : aucune distinction n'est faite suivant que cette vocation a été conférée par la même phrase ou par deux phrases séparées. Certains auteurs cependant ont soutenu que cette distinction résultait implicitement des solutions admises quant au droit d'accroissement par les art. 1044 et 1045. En cas de conjonction *re tantum*, l'accroissement n'est possible qu'autant que la chose léguée n'est point susceptible d'être divisée sans détérioration. Or, une universalité de biens est toujours très facilement divisible : partant, aucun legs universel ne peut être fait par deux phrases distinctes. Nous répondrons que les art. 1044 et 1045 ne s'appliquent pas aux legs universels. Ils ne font en effet que reproduire la doctrine de Pothier, qui, à l'exemple du droit romain, ne s'occupait du droit d'accroissement qu'à l'occasion des legs de choses particulières. Ils ne prévoient du reste que le legs d'*une même chose* et non d'une universalité : enfin, les règles qu'ils renferment sont purement interprétatives de volonté, et lorsqu'un

(1) Cass., 22 fév. 1841. Sir., 41, 1, 536.

testateur institue deux légataires universels par deux phrases séparées, il exprime aussi nettement son intention que s'il eût conféré la vocation au tout par une seule phrase.

Le legs du disponible est-il universel ou à titre universel ? Il n'y a pas d'héritiers réservataires à la mort du testateur : par conséquent, la quotité disponible est égale au tout. Le légataire pourra-t-il y prétendre? Ne semble-t-il pas au contraire qu'il n'ait droit qu'à une fraction déterminée par la qualité des héritiers présomptifs, qui existaient lorsque le testament a été fait ? Ce n'est pas là, pensons-nous, une question de droit, et c'est aux tribunaux qu'il appartiendra de rechercher dans chaque espèce quelle a été l'intention vraisemblable du disposant. Mais, en admettant que le testateur n'ait pas eu en vue une fraction limitée, faut-il dire que c'est faire un legs universel que de léguer tout ce dont on peut disposer ? Cela résulte par *a contrario* de l'art. 1010 qui définit le legs à titre universel, « celui par lequel le testateur lègue une quote-part des biens *dont la loi lui permet de disposer*... » D'autre part, les art. 1004 et 1009 visent des cas où il y a concours entre des réservataires et des légataires universels ; ce qui implique évidemment qu'ils considèrent le legs du disponible comme un legs universel.

Quel est le caractère d'un legs de nue propriété, lorsqu'il porte sur l'universalité des biens ? On est d'accord pour reconnaître que c'est un legs universel, car il comprend non pas même une vocation éventuelle, mais, mieux encore, un droit certain au tout.

Cette aptitude au tout n'existe pas, au contraire, lorsqu'il s'agit d'un legs fait par un mineur de seize ans, lequel ne peut disposer par testament que de la moitié de ce qui serait sa quotité disponible s'il était majeur. Cette restriction du droit commun est une règle de capacité; et toute capacité nécessaire pour faire un acte s'apprécie au moment même où cet acte a été fait. Ainsi, alors même que le testateur ne mourrait qu'après avoir atteint sa majorité, son légataire ne pourrait prétendre qu'à une fraction : le legs ne serait qu'à titre universel.

Toute disposition qui n'est ni universelle ni à titre universel est à titre particulier : telle est la seule définition négative que nous trouvions dans la loi (art. 1010). Il serait impossible, en effet, de donner une notion générale du legs particulier qui peut porter non-séulement sur des objets matériels, mais sur des droits de créance, de servitude..., etc. La pensée des rédacteurs du Code paraît avoir été cependant de considérer les dispositions à titre particulier comme présentant moins d'importance que les autres : c'est ainsi que l'art. 909 autorise exceptionnellement au profit des médecins et pharmaciens qui ont soigné le *de cujus* pendant sa dernière maladie, « les legs rémunératoires faits à titre particulier. » Mais les termes mêmes de cet article impliquent bien que si, en fait, les legs particuliers sont souvent modiques, en droit ils pourraient très valablement comprendre l'universalité ou la plus grande partie de l'hérédité.

Le legs de l'usufruit de la totalité ou d'une quote-part des biens ne constitue qu'un legs particulier (1).

(1) *Sic* Duvergier sur Toullier, t. III, n° 432, p. 175, note *a*. — Coin-Delisle, *Donations et testaments* sur l'art. 1003, n° 17. — Marcadé, t. 4, p. 101. — Demolombe, t. X, n° 258. — Aubry et Rau sur Zachariæ, t. VI, p. 147. — Colmet de Santerre, t. IV, n° 157 *bis*. — Cour de Bordeaux, 1853 (Sirey, 53, II, 327). — Cassation,

D'une part, en effet, il ne rentre pas dans la définition de l'art. 1003 puisque l'usufruitier n'a aucune aptitude éventuelle à recueillir le patrimoine tout entier; d'autre part, il ne rentre pas non plus dans l'énumération que l'art. 1010 nous donne des legs à titre universel. On a soutenu cependant que cet art. 1010 devait se compléter par l'art. 610, qui qualifie de légataire universel d'usufruit, l'usufruitier de tous les biens ou d'une quote-part. On retrouve encore les mêmes expressions dans l'art. 942 C. proc. : mais les termes qu'emploie la loi : *legs universel d'usufruit*, indiquent bien qu'il ne s'agit pas d'un legs universel ordinaire. Au reste, l'idée du législateur apparaît nettement dans l'art. 612, qui parle d'usufruit universel, ou à titre universel : on voit par là qu'il s'agit uniquement de déterminer l'étendue du droit d'usufruit et non pas de trancher la question de qualification du legs de l'usufruit ou d'une quotité de la succession. Cette question ne se posait pas au titre de l'Usufruit : c'est seulement au titre des Donations et testaments qu'elle devait être résolue. Quant à l'art. 942 C. proc., il rapproche, il est vrai, du légataire universel le légataire d'usufruit, auquel il accorde un droit que n'ont pas les légataires de corps certains, celui d'assister à l'inventaire : mais cette décision ne préjuge rien sur la nature du legs. Elle s'explique, d'ailleurs, parfaitement par l'intérêt légitime que peut avoir l'usufruitier à faire constater contradictoirement la consistance du patrimoine qui lui est laissé. Un dernier argument

8 juillet 1874, D. 74, 1, 437. — *Contra*, Delvincourt, t. II, p. 95. — Duranton, t. IV, n° 522 et 633, et t. IX, n° 208. — Troplong, *Don. et Test.*, t. IV, n° 1848. — Cassation, 8 décembre 1862 (Sirey, 63, I, 34). — Labbé, *Journal du Palais*, 1863, p. 113.

à l'appui de notre doctrine, c'est que le légataire d'usufruit ne contribue jamais à une part du capital des dettes proportionnelles à la valeur de son legs. L'art. 612 l'oblige seulement vis-à-vis du propriétaire à en supporter les intérêts ; et ce n'est là qu'une conséquence du principe « Bona non intelliguntur nisi deducto ære alieno. » Si l'usufruitier pouvait jouir sans aucune charge d'une hérédité, dont on ne déduirait pas les dettes, sa jouissance dépasserait en réalité l'étendue du patrimoine, lequel ne consiste que dans l'excédent de l'actif sur le passif.

Il n'est pas sans intérêt d'adopter cette solution que le legs de l'universalité ou d'une quote-part des biens ne constitue qu'un legs particulier. D'abord, si l'usufruitier ne peut pas être légataire universel, il s'ensuit qu'il ne pourra jamais prétendre à la saisine. Nous verrons, en outre, que l'on discute s'il y a lieu d'assimiler quant à l'acquisition des fruits le légataire à titre universel au légataire particulier. Enfin, une libéralité consistant en un usufruit universel pourra être faite valablement à une congrégation religieuse de femmes (loi du 24 mai 1825, art. 4 et 5), ou, à titre rémunératoire, au médecin et au ministre du culte, qui auront assisté le *de cujus* durant la maladie dont il est mort (1).

On a autrefois discuté sur la nature d'une disposition par laquelle un testateur lègue une succession qu'il a lui-même recueillie : aujourd'hui, on s'ac-

(1) Un arrêt de la cour de Bordeaux a fait une application curieuse de ce principe que le legs d'usufruit est toujours particulier. Il a décidé que, lorsque la succession était débitrice de l'héritier légitime, celui-ci ne pouvait rien réclamer au légataire d'usufruit, la dette en pareil cas s'éteignant par confusion. (Bordeaux, 19 février 1853. — Dalloz, 1854, II, 146.)

corde généralement à reconnaître qu'il y a là un legs à titre particulier. Le *de cujus*, en effet, ne transmet pas la succession au même titre qu'il l'a reçue : en se confondant avec son propre patrimoine, elle a perdu son caractère d'universalité; elle est devenue une somme purement arithmétique de meubles ou d'immeubles; au point de vue juridique, elle n'a pas gardé son individualité (1).

En principe toutes les choses dont la possession peut procurer un avantage quelconque peuvent être l'objet d'un legs. On peut donc léguer toute sorte de biens meubles ou immeubles, corporels ou incorporels, déterminés ou indéterminés, présents ou futurs, pourvu qu'ils soient dans le commerce et qu'ils puissent être l'objet d'un droit. On peut même léguer des faits, c'est-à-dire que le testateur fait obliger son héritier à faire ou à ne pas faire quelque chose, à la condition cependant que le fait légué soit possible, licite, et que le légataire y ait intérêt. Le Code cependant, dans l'art. 1021, apporte une restriction importante à cette liberté de disposer : « Lorsque le testateur aura légué la chose d'autrui, le legs sera nul, soit que le testateur ait connu ou non qu'elle ne lui appartenait pas. »

En droit romain, le legs de la chose d'autrui était nul lorsque le testateur n'avait pas su que la chose

(1) Nous n'entendons pas donner à cette proposition un caractère trop absolu. Tout en disant que l'individualité juridique de la succession déjà recueillie par le testateur disparaît, nous reconnaissons néanmoins que cette succession constitue une *universitas facti*, une masse grevée d'un certain passif. Le légataire auquel elle est dévolue ne peut prétendre à l'actif *deducto ære alieno*; et de ce que son legs est à titre particulier il en résulte simplement qu'il ne supporte aucune des dettes propres au disposant.

léguée appartenait à autrui et avait cru léguer la sienne propre : *forsitan enim si scisset, non legasset* (1). Mais lorsqu'il avait vu au contraire que la chose dont il disposait ne lui appartenait pas, le legs était valable et l'héritier était tenu d'acheter la chose et de la délivrer au légataire. Que si le propriétaire ne voulait pas vendre ou demandait un prix hors de proportion avec la valeur de l'objet, l'héritier ne pouvait être obligé qu'à payer l'estimation. C'était d'ailleurs au légataire qu'incombait toujours la charge de prouver la connaissance qu'avait eu le *de cujus* que la chose léguée était celle d'autrui. Ces principes avaient passé du droit romain dans nos anciennes coutumes ; mais ils donnaient lieu dans la pratique à de nombreuses difficultés, lors notamment qu'il s'agissait d'estimer la chose léguée ou de prouver que le testateur avait agi en connaissance de cause. C'est pour mettre un terme à ces contestations que les rédacteurs du Code ont repoussé l'ancienne distinction et proscrit complètement le legs de la chose d'autrui. Pour que le legs soit nul, il ne suffit pas cependant que le testateur lègue une chose qui ne lui appartient pas au moment où il teste : il faut encore que cette chose soit la propriété d'un tiers déterminé : partant, il faut qu'elle soit elle-même un corps certain. Ainsi un legs de genre, un bœuf ou du blé, par exemple, est parfaitement valable bien qu'il ne se trouve dans la succession ni bœuf ni blé.

Quid de la disposition par laquelle le *de cujus* charge Primus son légataire d'acheter la maison qui appartient à Secundus pour la remettre à Tertius, et

(1) L. 67, § 8, *De leg.*, 2°; L. 36, *De usu et usuf. leg.*

dans le cas où il ne pourrait y parvenir, de payer à Tertius la somme de 20,000 francs? A première vue, on serait porté à croire qu'un pareil legs devrait tomber sous le coup de l'art. 1021, car cet article a eu précisément pour but d'interdire ce que l'ancien droit permettait. Or l'ancien droit, en autorisant le legs de la chose d'autrui, ne faisait que reconnaître l'obligation imposée au légataire d'acheter la chose pour la livrer au légataire ou d'en payer le prix. Néanmoins, la validité de la disposition dont nous nous occupons semble à peine discutée : on ne voit là que le legs d'un fait licite et possible. L'art. 1020 d'ailleurs prévoit le cas où une chose léguée est grevée d'un usufruit et admet que l'héritier peut être chargé par le testateur d'acheter l'usufruit à celui auquel il appartient. En considérant cette charge comme valable, le Code « valide implicitement la charge qui consiste à acquérir la propriété de la chose ; car, au point de vue des principes, les deux cas sont identiques (1). » De ce que le testateur peut par exception et sous forme de charge ou de condition disposer de ce qui ne lui appartient pas, s'ensuit-il qu'il faille aller jusqu'à dire qu'il peut léguer la chose de l'héritier ou du débiteur du legs? Plusieurs arrêts l'ont admis (2). Le droit romain et notre ancien droit, dit-on, distinguaient entre le legs de la chose d'autrui, et le legs de la chose de l'héritier. Pour que le second fût possible, il n'était pas nécessaire que le testateur sût que la chose dont il disposait ne lui appartenait pas. Les rédacteurs du Code, ajoute-t-on, ont bien déclaré nul le legs de la chose d'autrui, mais ils n'ont pas parlé du legs

(1) Laurent, *Principes*, t. XIV, p. 130.
(2) Bastia, 3 fév. 1830.

de la chose de l'héritier ; ils n'ont donc pas rompu sur ce point avec la tradition. Ce raisonnement nous semble absolument inadmissible. Tout ce qui n'appartient pas au testateur est chose d'autrui : la validité du legs d'un bien d'héritier ne pourrait être admise qu'à titre de dérogation à la règle de l'art. 1021. Cette dérogation, le législateur ne l'a pas établie et l'interprète n'a pas le droit de la créer.

Il peut se faire que le *de cujus* n'ait sur la chose qu'il a léguée qu'un droit indivis. Si le partage ou la licitation a eu lieu avant sa mort, aucune difficulté n'est possible. De deux choses l'une, en effet : ou bien il aura recueilli ce qu'il avait légué, et alors le droit du légataire ne sera pas douteux ; ou bien, au contraire, l'objet dont le testateur avait disposé sera sorti de son patrimoine par suite du partage, et alors le legs ne produira pas d'effet, soit qu'on l'annule comme portant sur la chose d'autrui et par application de l'art. 883, soit qu'on soutienne au contraire qu'il y a eu aliénation postérieure au testament, et par cela même révocation (art. 1308). Supposons maintenant que l'indivision n'a pas cessé avant le décès du *de cujus* : il est nécessaire alors de distinguer suivant qu'il s'agit de la propriété indivise d'une chose unique, ou d'une universalité indivise dont la chose léguée fait partie. Dans la première hypothèse, le légataire succédera purement et simplement aux droits du défunt. Il sera propriétaire par indivis ; et il pourra, pour déterminer ses droits, procéder à une licitation ou à un partage. Mais la question devient complexe dans la seconde hypothèse, celle où la chose léguée fait partie d'une masse indivise. Une première opinion prétend qu'il y aura lieu à un double partage : l'un, pour la chose léguée, entre le légataire et ceux qui étaient avec le testateur copropriétaires indivis; l'autre, pour le surplus de la masse indivise, entre les mêmes copropriétaires, et les héritiers qui représentent le *de cujus*. « Le sort du legs serait donc réglé dans ce cas de la même manière que dans le cas précédent où il porte sur une chose unique indivise entre le testateur et un tiers (1). »

Ce système n'est du reste qu'une des conséquences d'une doctrine plus générale, d'après laquelle l'aliénation de l'un des biens d'une universalité indivise par l'un des copropriétaires fait sortir ce bien de la masse partageable, et crée une indivision à titre particulier entre l'acquéreur et les copropriétaires de celui qui a consenti l'aliénation (2). Lorsque l'un des copropriétaires aliène sa part indivise dans l'un des immeubles de la masse, cet immeuble cesse d'être commun entre les autres copropriétaires et lui. Il donnera donc lieu à un partage particulier entre l'acquéreur de la portion indivise et les communistes autres que l'aliénateur. Nous rejetons absolument cette solution qui repose sur une simple confusion : ceux qui la soutiennent en effet oublient que les acquéreurs de parts indivises, à quelque titre qu'ils aient acquis, qu'ils soient donataires, acheteurs ou légataires, ne sont jamais que les ayants cause du communiste aliénateur ; ils ne peuvent donc avoir sur l'immeuble aliéné que les droits qu'avait leur auteur lui-même. Cet auteur devait comprendre l'immeuble dans la masse partageable et ses ayants cause sont forcément tenus de la

(1) Bayle-Mouillard sur Grenier, tit. 2, n° 319, note *a*.
(2) Demolombe, tit. 17, n° 306. — V. l'article de M. Ferry dans la *Thémis*.

même condition. Mais alors quel sera l'effet du partage pour l'acquéreur, dans notre espèce pour le légataire? La réponse à cette question dépend de l'interprétation que l'on donne au principe de la déclarativité du partage. L'art. 883 a-t-il une portée générale? N'est-ce au contraire qu'une fiction destinée à régler les rapports d'un copartageant avec les ayants cause d'un autre? Nous n'avons pas à entrer ici dans la discussion d'une controverse absolument étrangère à notre sujet; nous dirons seulement que l'effet déclaratif du partage ne nous semble pas une théorie de circonstance, sans fondement juridique, uniquement imaginée pour les besoins des légistes en lutte avec la féodalité. Il repose sur l'idée très exacte d'une propriété conditionnelle: chaque communiste peut être considéré comme propriétaire sous condition résolutoire de ce que le partage lui enlèvera et sous condition suspensive de ce qui tombera dans son lot. La déclarativité n'est donc pas une fiction: c'est une règle générale. Si le bien légué tombe par suite du partage dans le lot des copropriétaires du *de cujus*, il sera censé leur avoir toujours appartenu, et la disposition sera nulle comme ayant pour objet la chose d'autrui. Que si ce bien advient au contraire aux héritiers du testateur, le legs sera valable, soit pour le tout, soit pour partie, suivant l'intention du disposant. On objecte à cette doctrine qu'aux termes de l'art. 1423 C. C., lorsque le mari commun en biens a légué un effet de communauté, le legs est valable quelle que soit l'issue du partage: l'exécution se fait en nature si l'effet tombe dans le lot des héritiers du mari et par équivalent s'il advient au contraire à la femme: mais nous ne croyons pas qu'on puisse tirer argument de cette décision, car elle présente un caratère exceptionnel et constitue précisément une dérogation au principe de la nullité du legs de la chose d'autrui : elle s'explique d'ailleurs par la nature particulière des pouvoirs du mari sur les biens de la communauté.

II

TRANSMISSION DE LA PROPRIÉTÉ DES LEGS.

La loi dans l'art. 711 pose en principe que la propriété des biens se transmet par donation entre vifs *ou testamentaire*. Aux termes également de l'art. 1014, « tout legs pur et simple donnera au légataire du jour du décès du testateur un droit à la chose léguée, droit transmissible à ses héritiers ou ayants cause. » Quoique cet art. 1014 se trouve placé sous la rubrique des Legs particuliers, on lui reconnaît sans discussion une portée générale ; il s'applique indistinctement à toutes les classes de legs, et c'est ce qui résulte de ses termes mêmes aussi bien que des travaux préparatoires.

En droit romain, au contraire, lorsqu'une succession s'ouvrait par la mort du *de cujus*, elle n'était pas par cela même acquise : elle n'était qu'offerte. L'acquisition supposait un acte de volonté, *une adition*, de l'héritier ab intestat ou de l'institué testamentaire. Seuls les *heredes sui et necessarii* n'avaient pas à accepter l'hérédité pour l'acquérir. Et il n'y avait rien dans un pareil système que de parfaitement conforme à la logique et aux vraies notions du droit. Théoriquement, en effet, toute transmission suppose une aliénation et une acquisition (1). Dans une législation où le testament présente un caractère contractuel, on peut com-

(1) Boistel, *Cours de droit naturel*, IIe partie, tit. II, ch. II.

prendre que tout à la fois il dépouille le testateur et investisse l'institué. Mais dans notre droit le testament n'est qu'un acte unilatéral, il est l'œuvre d'une volonté unique ; ce qui peut en résulter seulement, c'est l'abandon d'un droit au profit d'une personne déterminée.

L'exception que les Romains avaient admise en ce qui concerne les *heredes sui* et *necessarii* s'expliquait du moins par une raison particulière. La famille formait une société dont le père était le chef : ce titre de chef lui permettait de disposer sans contrôle de l'ensemble du patrimoine ; mais ce patrimoine cependant n'appartenait pas qu'à lui. Ses enfants en étaient en quelque sorte copropriétaires, et quoique leur droit ne pût s'exercer durant la vie du *paterfamilias*, il n'en existait pas moins. Lors donc que la succession paternelle venait à s'ouvrir, les héritiers siens et légitimes n'acquéraient pas un droit nouveau, et, comme disaient les jurisconsultes, ils venaient en réalité à leur propre succession, ils se succédaient à eux-mêmes. La loi reconnaissait, en outre, au testateur un pouvoir exorbitant : il pouvait imposer son hérédité comme une charge à ses enfants et à ses esclaves. Ces principes n'avaient pas passé dans nos anciennes coutumes, où l'on avait fait prévaloir la règle : « Nul n'est héritier qui ne veut. » Logiquement il eût donc fallu rejeter aussi cette confusion de la délation et de l'acquisition de l'hérédité, qui tenait à ce que la vocation des *sui* et des *necessarii* était de leur part entièrement dénuée de volonté. Nos coutumes, cependant, loin de proscrire cette solution, l'adoptèrent comme droit commun, et, de même que notre Code, elles firent de la donation testamentaire un mode de transmission de la propriété (1). Comment donc comprendre qu'un droit puisse ainsi être transmis sans la participation de celui qui l'acquiert ? N'y a-t-il là qu'une anomalie juridique impossible à expliquer ? Il nous semble que non. Si l'on réfléchit, en effet, que le legs, quoiqu'il soit acquis du jour de l'ouverture de la succession, n'en est pas moins ultérieurement accepté par le légataire, ne sera-t-on pas porté à croire que cette acceptation est la condition même de l'acquisition ? La propriété n'est transmise à l'appelé du jour du déces du testateur que sous condition : si plus tard cet appelé renonce, il sera censé n'avoir jamais rien acquis. Mais, dira-t-on, le droit du légataire pur et simple ne peut être conditionnel puisque l'art. 1014 déclare qu'il est transmissible, avant même d'être accepté. Un legs conditionnel, au contraire, n'existe pas tant que la condition n'est pas accomplie ; si le légataire décède avant l'accomplissement de la condition, le legs est caduc : telle est la décision formelle de la loi (art. 1040). Nous répondrons que, suivant une tradition constante, ce principe ne s'est jamais appliqué qu'aux conditions expresses et non pas aux conditions tacites : « conditiones extrinsecus non ex testamento venientes, id est quæ tacite inesse videantur, non faciunt legata conditionalia (2). » Ainsi, quoique l'acquisition qui s'opère au profit du légataire soit véritablement conditionnelle et subordonnée à son acceptation, il acquiert cependant dès la mort du *de cujus* un droit immédiatement transmissible.

(1) Pothier, édit. Buquet, t. VIII, p. 291.

(2) Papinien, L. 99, Dig., *De condit. et demonst.*, V. *quoq.* L. 6, § 1. *Quand dies leg. ced.* ; — Voet, L. 28, tit. 7, n° 3 ; — Bufnoir, *Théorie de la condition*, p. 51 ; — Gand, 13 Juin 1866.

Quant à la nature de ce droit, la doctrine est unanime à reconnaître qu'il s'agit d'un droit de propriété ; la jurisprudence ne l'admet pas (1), tout au moins pour le légataire à titre universel ou le légataire particulier. Ceux-là, dit la Cour de cassation, ne sont saisis de la propriété que par la délivrance : jusqu'alors, ils n'ont sur les biens légués *qu'un droit réel :* système étrange, qu'on s'étonne de rencontrer dans un arrêt. Qu'est-ce donc que ce droit réel dont parle la Cour ? la loi n'en connaît pas d'autres que la propriété ou ses démembrements. Que dire aussi de cette confusion entre l'action en délivrance et l'acquisition de la propriété ? Ne résulte-t-il pas jusqu'à l'évidence des termes de l'art. 1014 que la délivance n'a pour objet que la transmission de la possession ? On oppose que cet art. 1014 ne dit pas nettement que le droit du légataire, aussitôt que la succession est ouverte, est un droit de propriété. C'est qu'en effet, sous cette forme absolue, l'expression serait inexacte. Lorsque le legs a pour objet une quantité, une créance, la libération d'une dette, on ne peut évidemment pas dire que le légataire est devenu propriétaire. Mais rien n'est moins douteux, lorsqu'il s'agit d'un corps certain.

La conséquence de cette acquisition immédiate de la propriété, c'est que l'appelé, n'eût-il survécu que d'un instant au *de cujus*, transmet son droit à ses héritiers. Il peut également, avant qu'il ait été statué sur l'action en délivrance, vendre ou léguer les choses comprises dans son legs : ses créanciers peuvent aussi signifier valablement des oppositions

(1) Cass., 18 mai 1830 ; 2 déc. 1830. Dalloz, au mot *Enregistrement*, n° 5003.

aux débiteurs de sommes léguées ; s'il est légataire universel, ou à titre universel, il a la faculté de provoquer le partage en nature (art. 815), d'exiger le tirage au sort des lots (art. 834). Il importe enfin de remarquer que la loi du 23 mars 1855 ne soumet à aucune transcription les actes de dernière volonté. Que si les héritiers légitimes mis en possession par la loi même des biens du défunt les aliènent ou les grèvent de droits réels, ces aliénations seront nulles et ces droits seront résolus aussitôt que le légataire aura produit ce testament dans lequel il puise son droit et que les tiers n'ont pu connaître (1).

Ce principe que le legs appartient à l'appelé dès la mort du testateur est souvent qualifié de saisine. Nos anciens auteurs, en effet, Pothier notamment (2), distinguaient une saisine de propriété et une saisine de possession. Cette terminologie ne paraît pas être restée celle du législateur actuel : l'art. 724, le seul texte que nous ayons sur la matière, déclare que les héritiers légitimes sont seuls saisis *ipso jure* des biens, droits et actions du défunt. Ce que la loi entend dire par là, ce n'est pas qu'elle refuse aux successeurs irréguliers l'acquisition de plein droit de tous les biens du défunt. L'article signifie seulement que les successeurs non saisis doivent s'adresser à la justice pour entrer en possession. La saisine dans notre droit est donc purement possessoire et ne concerne pas la transmission de la propriété au

(1) Ce défaut de publicité a été fréquemment et justement critiqué. On a montré que, tandis qu'il pouvait donner lieu en pratique à d'immenses abus, il ne se défendait que par des raisons de sentiment. (V. Mourlon, *Traité de la transcription*, tit. Ier, p. 5 et sq.)

(2) Pothier, *Traité des successions*, ch. III, § 2.

profit des successeurs ab intestat ou des légataires.

Un legs peut être fait sous diverses modalités : il peut être pur et simple, à terme ou sous condition. Nous venons de voir que le legs pur et simple, celui dont l'existence n'est suspendue par aucune condition, et dont l'exécution n'est retardée par aucun terme, existe dès l'ouverture de la succession et est exigible à ce moment. Entre le legs pur et simple et le legs à terme il n'y a qu'une seule différence : le légataire à terme a comme le légataire pur et simple un droit acquis et transmissible dès le décès du testateur, mais il n'obtient la possession et ne peut intenter l'action en délivrance qu'à l'arrivée du terme. Il peut se faire cependant qu'au lieu de suspendre l'exécution du legs, le terme soit opposé pour en limiter la durée : c'est ce que les jurisconsultes romains appelaient le *dies ad quem* par opposition au *dies à quo*. Le legs est conditionnel, lorsqu'il est subordonné à un événement futur et incertain. La condition peut être suspensive ou résolutoire, positive ou négative : en d'autres termes, le droit naîtra ou sera résolu suivant qu'un fait arrivera ou n'arrivera pas. Si le légataire décède avant l'accomplissement de la condition, le legs est caduc (art. 1040). La loi présume, en effet, que le caractère des libéralités testamentaires est essentiellement personnel : le testateur n'entend pas gratifier les héritiers du légataire, mais le légataire lui-même, il faut que celui-ci existe au moment de l'ouverture du legs. Il y a donc une importance capitale à savoir si une disposition est ou non conditionnelle. C'était une opinion universellement admise dans l'ancien droit, que, lorsqu'il est certain que l'événement arrivera, mais incertain quel jour il arrivera, lorsqu'en un mot, il y a *dies certus an incertus quando*, le legs est affecté d'une véritable condition (1). Cette interprétation n'est plus, croyons-nous, celle du Code civil : aux termes, en effet, de l'art. 1041, « la condition qui dans l'intention du testateur ne fait que suspendre l'exécution de la disposition n'empêchera pas l'héritier institué ou le légataire d'avoir un droit acquis et transmissible à ses héritiers. » Les termes de l'article sont formels : la présomption admise autrefois est nettement rejetée, le législateur déclare s'en rapporter à l'appréciation des tribunaux. Cette décision, dit M. Laurent, est à la fois pratique et sage. « Les distinctions de la théorie (2) seraient excellentes si les testaments étaient rédigés par des jurisconsultes avec la précision du langage juridique : il est inutile d'ajouter qu'il n'en est pas ainsi. Dès lors, les distinctions fondées sur la terminologie risquent d'être en opposition avec la volonté du testateur. Mieux vaut abandonner aux tribunaux le soin de rechercher la volonté du disposant, et de décider en conséquence si le legs est à terme ou conditionnel. »

Nous avons vu plus haut que l'acquisition d'un legs pur et simple était subordonnée à la condition tacite d'une acceptation. Quoique la loi ne parle pas de cette acceptation, la nécessité en est certaine; elle résulte *a fortiori* du principe de l'art. 975 : « Nul n'est héritier qui ne veut. » Mais quelles sont les formes et quels sont les effets de cette manifestation de volonté

(1) Nous réservons la question en droit romain : d'ordinaire, on accepte aveuglément la maxime *Dies incertus in testamento conditionem facit.* Peut-être cependant n'a-t-elle pas la portée qu'on lui prête.

(2) Laurent, *Principes*, t. XIII, n° 535.

par laquelle le légataire refuse la libéralité que lui fait le testateur ou consent à en profiter? Pour suppléer sur ce point à l'absence des textes, on s'est demandé s'il ne fallait pas appliquer par analogie les dispositions relatives à l'acceptation ou à la répudiation des successions. L'application analogique, comme le remarque très justement M. Laurent (1), suppose des règles générales posées à l'occasion d'un cas particulier et étendues ensuite à un autre pour lequel il y a même raison de décider que pour le premier : les exceptions, au contraire, ne s'étendent pas. Il y a donc lieu, en ce qui concerne l'acceptation et la répudiation des legs, de faire une distinction et de n'emprunter au titre des Successions que les dispositions qui ne présentent aucun caractère exceptionnel, et ne consacrent que des principes généraux. Le sens de cette interprétation apparaît très clairement, par exemple, à l'occasion de l'art. 778. « L'acceptation peut être expresse ou tacite : elle est expresse quand on prend le titre ou la qualité d'héritier dans un acte authentique ou privé; elle est tacite quand l'héritier fait un acte qui suppose nécessairement son intention d'accepter et qu'il n'aurait droit de faire qu'en sa qualité d'héritier. »

En reconnaissant que l'acceptation peut être expresse ou tacite, la loi ne fait que consacrer un principe général conforme à la nature des choses. L'acceptation est un consentement, et tout consentement peut se manifester par un signe ou par un fait. Nous dirons donc sans difficulté qu'un legs peut être accepté expressément ou tacitement. Mais plus loin, lorsque

(1) Laurent, *Principes*, t. IX, p. 604.

l'article exige, pour que l'acceptation soit expresse, qu'on prenne la qualité d'héritier dans un acte authentique ou privé, il établit une règle d'exception. Théoriquement, en effet, on peut parfaitement supposer un consentement exprès qui n'est pas constaté par écrit : partant, nous n'étendrons pas à l'acceptation expresse des legs les conditions exigées pour qu'il y ait acceptation expresse d'une succession. L'acceptation tacite, au contraire, telle que le Code la définit, c'est un fait impliquant chez l'héritier volonté d'accepter : cela revient à dire qu'il suffit d'un consentement tacite pour accepter tacitement une succession. Rien n'est plus général qu'une telle disposition ; nous l'appliquerons donc au legs par cela seul que la loi ne l'a pas défendu. Il en est de même des conditions que suppose toute acceptation : ces conditions sont identiques pour les successions et pour les legs. Pour pouvoir accepter valablement, il faut être capable de s'obliger : il est nécessaire aussi que le légataire connaisse en vertu de quel titre la chose dont il s'agit lui a été laissée par le défunt (1). L'acceptation ne se conçoit pas non plus, tant que le droit qu'elle doit confirmer n'existe pas : aussi suppose-t-elle que le legs est ouvert.

Peut-on accepter pour partie ? Cette question revient à celle de savoir si le légataire continue comme l'héritier la personne du défunt. Le principe de l'indivisibilité de l'acceptation d'une succession ne se trouve en effet dans aucun texte de notre Code : il n'est admis que comme une conséquence de la continuation par l'héritier de la personnalité du *de cujus*. Cette fiction peut avoir sa raison d'être en matière de

(1) Dalloz, *Disp. test.*, n° 3556.

succession *ab intestat;* on peut, en effet, considérer la famille comme une société, indépendante de ses membres, dont l'être moral se perpétue. Mais nous montrerons plus loin que la théorie de la continuation de la personne étendue aux dispositions devient une abstraction arbitraire et dénuée de sens juridique. Pour nous, les légataires quels qu'ils soient, saisis ou non, particuliers ou universels ou à titre universel, tous ne sont que de simples successeurs aux biens. Par conséquent, ils peuvent accepter pour partie les dispositions auxquelles ils sont appelés à la seule condition que ces dispositions ne portent pas sur un objet indivisible ou ne soient pas indivisibles dans l'intention du testateur. Merlin (1), qui a soutenu la nullité des acceptations partielles, invoque à l'appui de sa doctrine l'autorité des lois romaines. « Legatarius pro parte acquirere, pro parte repudiare non potest (2). » Nous pourrions répondre que l'art. 7 de la loi du 30 ventôse an XII a singulièrement ébranlé les arguments que l'on voudrait aujourd'hui tirer du droit romain. Mais ce qui nous paraît plus concluant encore, c'est que l'esprit du Code civil est absolument contraire à celui d'une législation qui, à l'inverse de la nôtre, exagérait les droits des testateurs et les effets des dispositions testamentaires.

Parmi les auteurs qui appliquent aux legs le principe de l'individualité de l'acceptation, les uns prétendent que le légataire, qui a déclaré n'accepter que pour partie, acquiert le legs en entier, les autres pensent au contraire qu'il doit être regardé comme n'ayant rien accepté. La doctrine, qui considère le légataire

(1) Merlin, *Répertoire*, v° *Légataire*, § 4, n° 88.
(2) L. 38, *De leg.* 1°.

comme renonçant, paraît être la plus logique. On part, en effet, du principe que le legs est indivisible, et comme on ne peut pas étendre la volonté du testateur au delà des bornes dans lesquelles il l'a lui-même renfermée, il faut nécessairement conclure qu'il n'a pu acquérir, ni la part qu'il a répudiée, ni celle sur laquelle portait son acceptation partielle. Il n'y a guère à objecter à ce raisonnement que la loi 58 *De legat.*, 2° : « Si cui res legata fuerit, et omnino aliquâ ex parte voluerit suam esse, totam acquirit. » Mais on peut répondre avec Merlin que cette loi est en dehors de la question : le texte, il est vrai, dit bien que celui qui accepte une partie d'un legs sans répudier expressément le reste en acquiert la totalité; mais il ne parle pas du cas où le légataire manifeste une volonté précise de n'accepter qu'une portion et de renoncer aux autres.

Le légataire qui accepte peut-il revenir sur son acceptation, et répudier? La question était déjà discutée dans notre ancien droit : l'affirmative et la négative n'argumentaient que des textes du droit romain. Sans recourir à ces raisons aujourd'hui surannées, on peut soutenir plus simplement que l'acceptation d'un legs n'est que l'exercice d'un droit héréditaire, et qu'il y a quant à ses effets les mêmes motifs de décider en matière de succession ab intestat que de dispositions testamentaires. Le légataire qui accepte épuise son droit; l'acquisition du legs supposait deux actes de volonté, l'un de la part du testateur, l'autre de la part de l'appelé. Dès l'instant où ces deux actes sont accomplis, il s'opère comme une sorte de contrat, et l'une des parties ne saurait à elle seule avoir le droit de le briser. Nous croyons donc que l'acceptation ne saurait être rescindée que si elle était viciée par l'erreur, la violence, le dol ou l'incapacité.

La répudiation d'un legs est-elle subordonnée aux mêmes formalités que la renonciation à une succession? L'affirmative est à peu près insoutenable, et la jurisprudence qui inclinait à l'admettre paraît l'avoir abandonnée (1). Comment prétendre, en effet, que les solennités exigées pour la validité ou pour l'existence d'un acte juridique ne sont que l'application des principes généraux du droit? Et, dès qu'on accorde qu'elles ont le caractère d'une exception, comment songer à les étendre par voie d'analogie? Puisqu'aucun texte n'impose aux légataires une forme particulière de renonciation, cette renonciation pourra être expresse ou tacite : expresse, elle n'est assujettie à aucune formalité spéciale; tacite, elle n'est plus qu'une question de fait. Comme on ne saurait présumer facilement qu'une personne renonce à un droit utile qui lui est offert, on ne devrait considérer comme une renonciation tacite qu'un acte qui ne sera pas susceptible d'une autre interprétation. C'est ainsi, nous dit Pothier (2), que le consentement qu'un légataire donnerait à la vente que ferait l'héritier de la chose qui lui est léguée pourrait ne pas être regardé comme une répudiation du legs, s'il résultait des circonstances que son intention n'a pas été de répudier le legs, mais de recevoir le prix au lieu de la chose (3). Lorsqu'un héritier légitime se trouve en même temps légataire sans préciput ni dispense de rapport, et qu'il accepte la succession ab intestat à laquelle il est appelé, il est considéré par

(1) Cass., 13 mars 1860. — Dalloz, 1860, 1, 118 et 120.
(2) Pothier, *Donations testamentaires*, n° 317.
(3) Dig., L. 120, § 1, *De leg.*, 1° ; — L. 88, § 14, *De leg.*, 2°.

la loi elle-même comme renonçant tacitement à son legs (art. 843-845.)

En assimilant quant à la forme l'acceptation et la renonciation, on est assez naturellement conduit à les rapprocher quant à leurs effets. Nous invoquerons donc les mêmes raisons pour dire de la renonciation ce que nous avons dit de l'acceptation : qu'elle peut être partielle et qu'elle est irrévocable. L'appelé qui renonce est censé n'avoir jamais eu aucun droit : comment pourrait-il donc revenir sur sa répudiation pour accepter un droit qui n'existe pas. Dans l'ancienne jurisprudence, cette question avait soulevé de vives controverses : les textes romains sur lesquels on s'appuyait de part et d'autre n'ont plus d'intérêt pour nous ; aujourd'hui, il n'y a plus à discuter que sur des principes. Aux termes cependant de l'art. 790, tant que la prescription du droit d'accepter n'est pas acquise contre les héritiers qui ont renoncé, ils ont la faculté d'accepter encore la succession si elle n'a pas été déjà acceptée par d'autres héritiers. Mais cette disposition, qui constitue une dérogation aux principes généraux, doit être interprétée restrictivement : elle n'est faite que pour les successions *ab intestat*, et son caractère exceptionnel ne permet pas de l'étendre aux dispositions testamentaires. En quoi consiste le droit d'un légataire? A accepter ou à renoncer. Une fois ce droit consommé, comment revivrait-il sans une déclaration formelle de la loi (1)?

L'art. 788 C. C. porte que les créanciers de l'héritier qui renonce au préjudice de leurs droits peuvent se faire autoriser à accepter la succession du chef de

(1) *Contra*, Cass., 23 janv. 1837. — Dalloz, v° *Dispositions*, n° 3562.

leur débiteur en son lieu et place. Cette règle n'est pas, comme celle dont nous venons de nous occuper, une règle d'exception : ce n'est qu'une application particulière du principe de l'action paulienne (1). Logiquement on doit en conclure que la renonciation peut être attaquée par les créanciers aussi bien lorsqu'il s'agit d'un legs que lorsqu'il s'agit d'une succession. On objecte que l'ingérence des créanciers risquerait d'être abusive en pareille matière, car le légataire peut avoir, pour refuser, des raisons de conscience dont il doit être le seul juge. Mais l'objection ne porte pas ; car une telle renonciation n'aurait rien de frauduleux et ne tomberait pas sous le coup de l'action paulienne.

Toute renonciation doit être impersonnelle sous peine d'être une acceptation. Faite au profit d'une personne déterminée, une répudiation implique en effet acceptation de la libéralité à la personne désignée. L'acte par lequel le légataire renonce est donc essentiellement unilatéral : tout intéressé peut s'en prévaloir. Il peut se faire cependant que le fait de la renonciation soit contesté : auquel cas, s'il intervient un jugement, il n'aura d'effet qu'entre les parties en cause conformément aux principes généraux de la chose jugée. Ainsi pourra-t-il arriver qu'un légataire soit déclaré renonçant à l'égard des uns, acceptant à l'égard des autres.

(1) Le principe de l'art. 1167, c'est que les créanciers peuvent attaquer tous les actes passés par leurs débiteurs en fraude de leurs droits. Mais en ce qui concerne spécialement les renonciations, on se demande s'il ne suffit pas, pour en obtenir la nullité, qu'il y ait *eventus damni*, sans qu'on soit tenu de prouver le *consilium fraudis*. Nous ne saurions admettre cette distinction : elle n'a d'autre fondement qu'un mot douteux inséré prématurément dans l'art. 788, alors qu'on n'avait pas encore décidé à quelles conditions serait subordonnée l'action révocatoire.

III

TRANSMISSION DE LA POSSESSION DES LEGS.

Dans les art. 1004 et 1006 la loi règle la transmission de la possession des legs, et, distinguant entre les légataires, elle oblige les uns à une demande en délivrance et déclare les autres saisis de plein droit. Avant d'aborder l'étude de ces dispositions, il est une question préalable qu'il faut résoudre : c'est celle de savoir ce que c'est que la saisine, quelle en est l'origine et quels en sont les effets.

C'est aujourd'hui un principe élémentaire d'analyse juridique que tous les droits peuvent s'exercer par des faits. L'exercice du droit de propriété constitue ce qu'on appelle la possession. Dans toute possession se rencontrent deux éléments : une prétention à la propriété (*animus*) et une détention matérielle (*corpus*). Appliqués à la matière des successions, ces principes doivent conduire à décider qu'un successeur ne devient possesseur d'une hérédité qu'autant qu'il la détient, et qu'il a conscience de la détenir à titre d'héritier. La règle générale est tout autre, cependant : le législateur a imaginé au profit de certaines personnes une possession fictive qui leur est acquise « ipso jure, nullo actu, nec verbo interveniente. » Cette possession fictive, c'est précisément la saisine.

Existait-elle en droit romain ? L'affirmative avait été soutenue autrefois par de très anciens commentateurs du Digeste. On avait invoqué ce passage de la L. 30, *Ex quibus causis maj.* XXV, *in integr. restit.* (4-6) : « Possessio defuncti quasi juncta descendit ad heredem et plerumque nondum adita hereditate completur. » Mais Cujas avait aisément démontré que cette disposition n'avait trait qu'à l'*accessio possessionum*, et que l'acquisition de la possession supposait toujours une détention de fait ainsi que le décidait expressément la L. 1, § 15, D., l. 47, tit. 4 : « Nec heredis est possessio antequam possideat. » Depuis lors, cette idée d'une saisine romaine n'était plus mentionnée que pour mémoire ; et elle semblait presque entièrement abandonnée lorsqu'en 1880 elle fut reprise (1) et appuyée de nouveaux arguments par un savant professeur de la Faculté de droit de Nancy, M. Ernest Dubois. A vrai dire, la thèse de M. Dubois n'est pas absolument la même que celle des anciens glossateurs : il ne prétend pas que la possession était transmise de plein droit à tous les héritiers, mais seulement aux *heredes sui* et aux *necessarii*. En ce qui concerne les *heredes sui*, il résulte de la loi 2 au Code *De usucapione pro herede*, que leur existence rendait impossible l'usucapion *pro herede*. « Nihil pro herede posse usucapi, suis heredibus existentibus, magis obtinuit. » Quant aux héritiers nécessaires, on avait cru lire au contraire dans le § 58 du commentaire de Gaïus que leur présence n'apportait aucun obstacle à l'usucapion. Les premières éditions portaient en effet : « Et necessarii tamen herede exstante ipso jure usucapi potest. » Mais depuis la publication de l'*Apographum* de Studemund, une nouvelle leçon dont le sens est absolument différent a été substituée à l'ancien texte : « Et necessarii tamen herede exstante nihil ipso jure pro herede usucapi posset (2). » Il est

(1) *Nouvelle revue historique.*
(2) V. q. q. le § 201, C. III, édit. Krueger et Studemund.

donc aujourd'hui certain que l'*usucapio pro herede* était impossible, lorsqu'il y avait des héritiers siens ou des héritiers nécessaires. Cette double impossibilité d'usucaper, M. Dubois l'explique par cette raison que l'héritier sien aussi bien que l'héritier nécessaire acquéraient de plein droit la possession des biens héréditaires : ce qui revient à dire qu'ils avaient la saisine. Le fils n'était-il pas d'ailleurs copropriétaire du *paterfamilias*, et par suite copossesseur ? Et l'esclave associé aux *sacra* de son maître, acquérant *ipso jure* la propriété de toute la succession, ne devait-il pas également en acquérir de plein droit la possession ?

Ce qu'il y a d'évidemment incontestable dans cette doctrine si savante et si ingénieuse à la fois, ce sont les textes sur lesquels elle s'appuie. A coup sûr, nul ne pourrait plus expliquer actuellement la L. 2 du Code (VII-29), comme l'avait fait Bartole et Doneau, et l'on serait mal venu à prétendre que ce qu'interdit cette loi, c'est l'usucapion par les héritiers siens eux-mêmes. Bien avant l'*Apographum* de Studemund, les Commentaires de Gaïus avaient manifestement prouvé que le caractère de l'*usucapio pro herede* est tout autre et que cette institution a été imaginée contre les héritiers et non pas à leur profit. Mais c'est précisément son origine, qui nous semble contredire la théorie dont nous nous occupons. Que nous dit, en effet, le § 55, commentaire II, de Gaïus ? « Quare autem omnino tam improba possessio et usucapio concessa sit, illa ratio est, quod voluerunt veteres maturius hereditates adiri, ut essent qui sacra facerent, quorum illis temporibus summa observatio fuit, et ut creditores haberent a quo suum consequerentur. » On nous donne là, pour justifier l'usucapion *pro herede*, trois motifs qui tous supposent qu'il s'agit d'un héritier externe. On nous dit d'abord qu'on a voulu hâter l'adition : or les *heredes sui vel necessarii* n'avaient pas à faire acte de volonté pour être héritiers ; ils l'étaient de plein droit et malgré eux. La seconde raison, c'est qu'on cherche à abréger l'interruption des *sacra :* mais s'il y a des *sui vel necessarii*, l'hérédité n'est pas vacante et les *sacra* ne sont pas interrompus. Le dernier motif enfin est tiré de l'intérêt des créanciers ; il faut qu'ils sachent à qui s'adresser pour obtenir le paiement de ce qui leur est dû (1) ; n'est-ce donc pas encore qu'on n'a pas songé aux héritiers nécessaires, qui, dès que la succession était ouverte, devenaient les débiteurs des créanciers héréditaires. Ces observations nous donnent le droit de conclure que l'*usucapio pro herede* ne pouvait se comprendre que lorsqu'elle s'appliquait à une hérédité offerte et jacente ; et rien n'est plus rationnel que les dispositions qui l'interdisent en présence d'*heredes sui vel necessarii*. Ces dispositions n'impliquent en aucune façon l'existence d'une saisine possessoire. Quelles seraient d'ailleurs les conséquences pratiques de cette saisine ? Elle permettrait aux héritiers nécessaires d'intenter des interdits *retinendæ vel recuperandæ possessionis* contre les tiers qui se seraient mis en possession des biens héréditaires et de réserver la pétition d'hérédité et l'interdit *quorum bonorum* contre les possesseurs *pro herede*. Ce résultat, cependant, aucun texte ne le consacre ; aucune loi n'accorde à l'héritier sien l'*uti possidetis* ou l'*unde vi* contre le

(1) Machelard, *Théorie des interdits*, p. 70.

possesseur *pro possessore*, sa situation est la même que celle de l'héritier externe : à l'un et à l'autre compètent la pétition d'hérédité (1), et l'interdit *quorum bonorum* (2), lequel, dit Gaïus (IV, § 144), « ei tantum utile est qui num primum conatur adipisci rei possessionem. »

C'est donc ailleurs qu'en droit romain qu'il faut chercher l'origine de la saisine : la trouverons-nous plutôt dans le principe germanique de la copropriété familiale? Zachariæ et beaucoup d'autres après lui l'ont prétendu. La famille germaine constitue une association pour la défense et la vengeance : toute atteinte portée à la personne ou aux droits de l'un des membres est vengée par tous. La réparation consiste en une indemnité appelée *Wergeld;* l'offenseur et ses parents en sont tenus solidairement sur tous leurs biens. Cette contribution devient la propriété commune de la victime et de ceux qui l'ont défendue : telle est la cause première du *condominium pro indiviso* ou copropriété familiale. Le résultat de cette copropriété, c'est qu'à la mort de l'un des membres de la famille, ses successeurs ne font que continuer « *une possession* » (3) qu'ils ont toujours eue : ils conservent plutôt qu'ils n'acquièrent la part du défunt. N'est-ce pas là la saisine? Nous ne le croyons pas. La saisine, en effet, n'est qu'une tradition fictive supposée faite par le *de cujus* à l'héritier; à ce titre, elle est inconciliable avec l'idée d'une communauté; elle suppose, au contraire, une propriété individuelle. On comprend que le *con-*

(1) D., L. 3, *De her. pet.*
(2) Gaius, III, § 34 et 37.
(3) Simonnet, *Histoire et théorie de la saisine héréditaire.* Introd.

dominium du droit germanique ait pu donner naissance à la règle de la transmissibilité immédiate du droit héréditaire antérieurement à l'acceptation ; mais quant à la possession, il paraît aujourd'hui prouvé que les Germains ne l'ont jamais nettement distinguée du droit de propriété (1).

Comment enfin, si l'on admet que la saisine remonte à l'époque barbare, expliquera-t-on qu'elle n'apparaisse que si tard dans nos anciennes coutumes ? Ce n'est pas, en effet, avant le XIe siècle qu'on en trouve les premières traces ; et ce sont des documents du XIIIe siècle seulement qui les mentionnent sous sa forme nouvelle : « Le mort saisit le vif (2). »

Dans les principes féodaux, toute succession supposait une investiture féodale. Le but de la saisine fut précisément de rendre inutile cette investiture et de faire disparaître avec elle les droits fiscaux qu'elle entraînait. Lorsqu'à la fin du XIe siècle l'édit de Kiersy avait enlevé aux fiefs leur caractère de concessions purement viagères, il n'en était résulté pour l'héritier du vassal qu'un seul droit, celui d'exiger du seigneur une nouvelle concession. Le défunt était censé se dessaisir de ses biens entre les mains du suzerain ; et c'est à ce dernier que les héritiers avaient demandé la saisine, en lui rendant foi et hommage et en acquittant en outre des droits qu'on appelait profits de relief ou de rachat. L'application de ces principes restreinte au début aux concessions féodales s'étendit plus tard aux censives. Si l'on songe que les alleuds cessèrent d'exister au fur et à mesure que la féodalité se développa,

(1) Bourcart, *Traité de la possession et des actions possessoires.*

(2) Recueil des Olim, 1259, t. I, p. 450 ; — Établissements de saint Louis, l. II, ch. IV.

on en conclut que la nécessité d'un ensaisinement seigneurial devint de principe pour toutes les transmissions de biens. Mais avec la réaction que souleva contre lui le système féodal, on en vint à trouver odieux ces droits de saisine ; on se révolta contre cette obligation imposée au fils de se faire mettre en possession des biens de son père. Les légistes, soutenus par le pouvoir royal et animés contre la féodalité d'une haine instinctive, se mirent en quête de raisons pour battre en brèche les prérogatives fiscales des suzerains (1). C'est ainsi qu'ils invoquèrent ces règles, traditionnelles en France : *Deus solus heredes facit ; Institution d'héritier n'a lieu.* Comment, dirent-ils, le *de cujus* aurait-il pu transmettre la possession de ses biens à son seigneur, sans une institution tacite contraire à tous ces principes ? Ses héritiers sont les seules personnes qu'il puisse légalement ensaisiner ; de là, la maxime : « Le mort saisit le vif. » Les textes les plus anciens où l'on rencontre l'idée qui fait le fond de cette formule remontent, nous l'avons dit, au commencement du XIIIe siècle (2). Mais les progrès de la règle furent lents et ce ne fut pas sans de très vives résistances qu'elle fut acceptée. Elle n'entraîna d'abord l'abolition des redevances que pour les héritages roturiers. Mais en matière de fiefs, on soutint longtemps encore que le seigneur direct était saisi avant l'héritier. L'obligation de foi et hommage semblait impliquer celle d'investiture. Les juristes, cependant, trouvèrent dans les

(1) Troplong, sur le *Traité d'enregistrement* de MM. Championnière et Rigaud, p. 10 et sq.

(2) Manuscrit normand, ann. 1207 : « In scachario paschæ apud Falesiam judicatum est quod filia R..... habeat saisinam de hoc unde pater suus fuit saisitus, quando fuit ad religionem. »

lois romaines une arme nouvelle ; le Code notamment leur servit à prouver que le fils est censé être la même personne que son père : « Pater et filius una eademque persona censentur. » Ils parvinrent ainsi à obtenir la suppression du droit de relief en ligne directe (1). Mais ce droit resta toujours dû en ligne collatérale.

Telles sont les raisons historiques qui expliquent l'origine et le développement de la saisine héréditaire. Nous venons de voir qu'elle se réduit, tout d'abord, au droit pour l'héritier d'entrer *de plano* en possession des biens héréditaires. Comme le dit le Grand Coustumier : « La coutume qui dit que la mort sesit le vif est à entendre *saisina juris tantum modo et non facti*, par la manière qui s'en suit : c'est à savoir que si notoirement il appert de la ligne et du lignage, le successeur y est tout saisi de droit, et ne lui est nécessaire d'aller ni au seigneur, ni au juge, ni autre, mais de son autorité se peut de fait ensaisiner, et si lui est nécessaire cette appréhension de fait, avant qu'il puisse se dire avoir entière saisine. » Ainsi la saisine héréditaire ne rend pas l'héritier possesseur de plein droit : pour le devenir, il a besoin d'une appréhension de fait.

Plus tard, un système entièrement différent prévalut. L'influence du droit romain contribua particulièrement à donner à la maxime « Le mort saisit le vif » une nouvelle portée. Par cela seul qu'un héritier était saisi, on lui accordait l'action en complainte, qui protégeait toute possession annale. Cette action, qui existait dès longtemps déjà dans la législation de

(1) Jean Desmares, *Décis.*, 103; — Charondas, l. II, tit. 2, *des Contr. de fiefs*.

l'Allemagne, dérivait incontestablement du droit germanique ; mais comme elle présentait la plus grande analogie avec les interdits de l'ancienne Rome, on fut porté à l'en rapprocher. Or nous savons que c'était un principe en droit romain que la possession qui donnait droit aux interdits ne se transmettait pas de plein droit à l'héritier : elle supposait de sa part une appréhension matérielle sans laquelle ni l'*unde vi* ni l'*uti possidetis* ne pouvaient être intentés. Les juristes partirent de là pour établir que lorsqu'un héritier saisi exerçait l'action en complainte sans avoir les biens héréditaires, il était censé avoir été légalement investi de cette possession ; ils en conclurent que cette investiture légale résultait de la saisine, dont l'effet fut ainsi de transmettre non plus le droit de posséder, mais la possession elle-même. « Mortuus facit vivum possessorem, » dit Tiraqueau. Et Dumoulin : « Nota quod virtus et affectus, illius consuetudinis nihil aliud est quam continuatio possessionis a moriente in heredem (1). »

Cette nouvelle idée que se faisaient de la saisine les jurisconsultes du seizième siècle n'était pas la dernière à laquelle on dût s'arrêter. La grande majorité des auteurs du dernier siècle, sauf Laurière, s'écarte davantage encore de l'interprétation véritable de la maxime. Pothier, notamment, y voit la cause de la transmissibilité des droits successifs et de l'obligation absolue aux dettes. « La saisine consiste en ce que tous les droits du défunt, toutes ses obligations, dès l'instant de sa mort, passent de sa personne en celle de ses héritiers, qui deviennent, en conséquence, dès cet

(1) In *Cout. du Bourb.*, § 200.

instant, chacun pour la part dont ils sont héritiers, sans qu'il intervienne rien de leur part, propriétaires de toutes ces choses dont le défunt était propriétaire, créanciers de tout ce dont il était débiteur. Ils ont dès cet instant le droit d'intenter toutes les actions que le défunt aurait eu le droit d'intenter : ils sont sujets à toutes celles auxquelles le défunt aurait été sujet (1). » Ce qui prouve l'inexactitude de cette doctrine, c'est la contradiction qu'elle rencontre dans les coutumes. Nous verrons en effet qu'elles n'accordent pas de saisine aux légataires : ceux-ci cependant deviennent propriétaires dès le jour de la mort du testateur, et leur droit est immédiatement transmissible avant toute acceptation. De même un testateur pouvait, en instituant un légataire universel, enlever la propriété de tous ses biens à ses héritiers, et la faire passer sur la tête du légataire. Quant à la saisine elle ne pouvait être enlevée aux successeurs légitimes ; c'est donc bien que dans son essence elle n'a point trait à la transmission de la propriété.

Elle était également étrangère au principe de l'obligation indéfinie aux dettes héréditaires. Il est bien vrai qu'un héritier, alors même qu'il concourait avec des légataires universels, répondait vis-à-vis des créanciers de l'universalité des charges, mais cette solution, qui était déjà celle du droit romain, tient à ce que l'héritier continuait seul la personne du défunt, et non pas à ce qu'il était saisi. La preuve, c'est que les successeurs irréguliers avaient la saisine, quoiqu'ils ne fussent obligés aux dettes qu'*intra vires successionis*.

Dans les pays de coutumes où les liens du sang

(1) Pothier, *Traité des successions*, ch. III, sect. II.

forment la base du droit de succession, la saisine ne pouvait appartenir à nul autre qu'à l'héritier. C'est à lui que le légataire devait demander délivrance. Une seule coutume, celle de Berry, reconnaissait aux héritiers par testament la qualité d'héritiers saisis. « Et bien que l'héritier testamentaire, qui ne doit avoir que la moitié, ne fût habile de succéder ab intestat, et conséquemment saisi par la rigueur de la coutume générale de France, néanmoins, pour éviter circuit sera saisi et pourra intenter remèdes possessoires ainsi que l'héritier ab intestat, tant pour ladite moitié que pour le tout, où l'institution d'héritier a lieu pour le tout. (1) »

Cette saisine testamentaire qui constituait une exception unique en droit coutumier était, au contraire, la règle dans les pays de droit écrit, où persistait l'ancienne institution du droit romain. La situation de l'héritier institué se trouvait donc être dans les provinces méridionales ce qu'était dans le Nord celle du successeur ab intestat.

Dans les pays où la saisine était admise pour l'institué, on se demandait si elle devait l'être aussi au profit du substitué et de l'héritier fidéicommissaire. Quant au premier, qui n'était en définitive qu'un institué sous condition suspensive, l'affirmative paraît avoir aisément prévalu. Il n'en était pas de même en ce qui conserne le fidéicommissaire. Mornac dans son commentaire du Digeste, Rebuffe dans sa préface des Ordonnances étaient d'avis que les fidéicommissaires devaient être saisis de plein droit sans aucune demande en délivrance; mais Tiraqueau dans son *Traité sur la règle* Le mort saisit le vif, Boërius dans ses

(1) Cout. Berry, tit. 18, art. 7.

Décisions et Ricard (1) dans son *Traité des substitutions*, soutenaient l'opinion contraire. Lebrun s'était arrêté à un système mixte : en principe il refusait la saisine ; mais exceptionnellement il l'accordait à ceux qui à leur qualité de fidéicommissaires joignaient celle d'héritiers légitimes. La jurisprudence des Parlements n'était guère plus uniforme sur cette question que la doctrine des auteurs. Mais l'ordonnance de 1747 mit un terme à la controverse en décidant (tit. Ier, art 40) que le fidéicommissaire, même à titre universel, n'était point saisi de plein droit, encore que la substitution eût été faite en ligne directe.

Une autre question s'était élevée, celle-là, dans les coutumes où la saisine n'existait que pour les héritiers du sang. Il s'agissait de savoir si l'institué était saisi lorsqu'il était en même temps successeur légitime : comme le testateur ne pouvait en l'instituant avoir entendu rendre sa condition pire, il ne pouvait y avoir véritablement doute que lorsque l'institué avait consenti, avant l'ouverture de la succession, une renonciation anticipée et ne venait plus tard qu'en vertu du testament. En ce cas, la solution variait avec les coutumes, mais le plus généralement le droit à la saisine avait été reconnu.

Il l'était également au profit de l'institué contractuel, que l'on assimilait à un véritable héritier légitime. L'institution contractuelle était, en droit commun coutumier, la seule dérogation apportée au fameux

(1) Mornac, *ad. tit.* D., *De fideic. hæred. poss.*; — Tiraqueau, *Traité sur la règle* LE MORT SAISIT LE VIF, p. 2, décl. 9, 10 et 11 ; — Boërius, *Décis.*, 156 ; — Ricard, *Traité des substitutions*, ch. XVI, n° 154, édit. Du Chemin, t. II, p. 528 ; — Lebrun, *Traité des successions*, p. 147, col. 1.

principe : « Deus solus heredes facit. » On disait de l'instituant contractuellement qu'il se créait un héritier par adoption (*adoptare in heredem*) (1). Ainsi, de même que l'héritier du sang est saisi de plein droit des biens de son auteur, de même l'institué contractuel est saisi de plein droit des biens compris dans l'institution, c'est-à-dire soit de l'universalité, soit d'une quotité seulement des biens que l'instituant laisse à son décès. Cette saisine n'est pas irrévocable : son existence est subordonnée au parti que l'institué prendra plus tard, lorsque la succession s'ouvrira. L'institution contractuelle, en effet, n'entraîne pas par elle-même dévolution immédiate de l'hérédité ; elle confère uniquement la faculté d'être héritier et laisse intact le droit ultérieur d'accepter ou de renoncer. Lebrun fait cependant remarquer que l'héritier institué serait saisi irrévocablement de la succession de l'instituant, dans un cas particulier. « Si quelqu'un, dit-il, a fait son héritier contractuel de la personne de celui qui était ab intestat son unique héritier, et cela sous quelque condition particulière, je n'estime pas qu'il soit permis à l'héritier institué de déclarer qu'il accepte la succession, non en vertu de l'institution, mais par droit du sang et ab intestat, parce qu'il y aurait du dol dans la conduite de cet héritier d'avoir lié les mains au donateur par l'acceptation de son institution contractuelle, qui l'empêchait de disposer par testament, et, en conservant cet effet de l'institution, de s'aviser après cela de renoncer à l'institution même et de vouloir venir ab intestat, afin de se dispenser de la condition. »

(1) Anouilh, *de l'Institution contractuelle dans l'ancien droit* (*Rev. hist.*, t. VI, p. 289 et 385). « En pays coutumier, le contrat de mariage a le privilège de créer un héritier. Institution d'héritier

Bien qu'en droit coutumier l'application de la maxime *Le mort saisit le vif* fût limitée par le principe *Deus solus heredes facit*, cependant, une autre personne encore que l'institué contractuel pouvait être saisie sans être unie au défunt par des liens de parenté : c'était l'exécuteur testamentaire. L'origine de l'institution des exécuteurs testamentaires se rattache à l'histoire du droit testamentaire. Lorsque le testament, inconnu du droit coutumier, apparut dans l'ancienne France, il n'eut primitivement d'autre but que de permettre au profit des Églises ce qu'on appelait « des legs pieux ». Pour triompher des résistances de leurs héritiers les testateurs s'habituèrent à confier aux évêques le soin de veiller à ce que leurs dernières volontés fussent respectées. Ces sortes de mandats prirent le nom d'exécutions testamentaires : à raison même de l'idée religieuse qui les avait inspirés, les coutumes furent portées à les voir avec faveur et à favoriser la tâche de ceux qui en étaient chargés. C'est ainsi qu'elles les déclarèrent saisis de plein droit ; mais cette saisine ne s'appliquait généralement qu'aux meubles. Pourtant, certaines coutumes, entre autres celle d'Orléans, allaient plus loin. Elles donnaient à l'exécuteur testamentaire non seulement la saisine des meubles, mais encore celle des immeubles. L'exécuteur saisi devait acquitter les legs et payer les dettes de succession : pour sauvegarder les droits des inté-

ne vaut sinon en faveur des mariés par le contrat de leur mariage. De là le nom d'institution contractuelle universellement admis dans notre ancien droit et marquant la réunion dans une même disposition des deux éléments opposés : le testament, acte unilatéral de volonté ambulatoire, et la donation entre-vifs, acte conventionnel de volonté irrévocable. »

ressés, il était tenu de l'obligation préalable de faire dresser un inventaire, à peine de perdre la saisine. Cette saisine était d'une nature spéciale et différait notablement de celle de l'héritier, avec laquelle elle n'avait, du reste, rien d'incompatible ; c'est au successeur saisi que restait la possession civile ; l'exécuteur n'était en réalité qu'un séquestre. « Hæc consuetudo non facit quin hæres sit sæsitus ut dominus, sed operatur quod executor potest ipse manum ponere et apprehendere, et etiam executor non est verus possessor et nisi ut procurator tantum (1). » En tant qu'investi de la saisine, l'exécuteur testamentaire avait le droit d'exercer contre les tiers l'action en complainte, mais il n'avait pas le droit de l'intenter contre les héritiers. Ceux-ci, en effet, étaient les vrais possesseurs des biens de la succession; l'exécuteur ne les détenait qu'en leur nom. Il n'avait qu'une action qualifiée, par un souvenir du droit romain, d'action *in factum*, par laquelle il pouvait conclure à ce qu'il fût fait défense à l'héritier de le troubler dans l'accomplissement des dernières volontés du défunt. Pour concilier la saisine de l'exécuteur testamentaire avec les idées coutumières, on supposait qu'elle avait été transmise du vivant du testateur. Longtemps même cette transmission s'opéra symboliquement par la remise du testament (2). Peu à peu ce formalisme s'effaça ; mais jusque dans le dernier état du droit se perpétua l'idée d'une saisine conférée par le défunt. Pothier et Laurière cependant comprenaient qu'il y avait là une erreur : aussi disaient-ils qu'il n'y avait pas lieu de se demander si le testateur avait pu ou voulu saisir son héritier. Qu'il fût

(1) Dumoulin, art. 95, *Coutume de Paris*.
(2) Grand Coustumier, l. II, ch. XL.

fou ou en bas âge, qu'il eût déclaré saisir un autre que son héritier, au fond cela importait peu. C'est qu'en réalité, c'est la loi, la loi seule, qui établit la saisine, en créant une fiction contraire à la nature des choses (1).

Est-ce à dire que cette fiction soit sans fondement rationnel, et que sa raison d'être ait disparu avec les prétentions féodales auxquelles elle doit son origine? Nous ne le pensons pas. La logique juridique avait conduit les Romains à déclarer l'hérédité vacante, tant que l'héritier n'avait pas fait adition (2).

(1) Laurent, t. IX, p. 205 et sq.

(2) Peut-être ne sera-t-il pas inutile à l'exposition de notre sujet d'indiquer ici ce qu'était l'hérédité jacente en droit romain.

Le mot *hæreditas* présente dans la langue latine deux acceptions distinctes : tantôt il indique le fait de succéder à l'ensemble des biens d'une personne décédée (*) ; tantôt, au contraire, il désigne le patrimoine même du *de cujus* (**) C'est dans ce dernier sens que nous l'entendrons... Ainsi comprise, l'hérédité constitue une sorte d'universalité : « Universitatem quamdam ac jus successionis et non singulares res demonstrat (***). » Ce caractère d'*universitas* attribuée à une succession a pour résultat incontestable de faire d'elle une unité distincte et indépendante des différentes fractions dont elle est composée. Mais quelle est la nature de cette unité ? Est-elle objective ou subjective? En d'autres termes l'hérédité peut-elle être non seulement l'objet, mais encore le sujet d'un droit ? Parmi les *universitates rerum*, en effet, il en est qui sont de simples collectivités dépourvues d'existence juridique : il en est d'autres, abstractions organisées par le législateur, qui affectent une personnalité et jouent dans la société un rôle actif. Celles-là peuvent posséder, acquérir, contracter. En est-il ainsi d'une succession jacente? A nous en tenir aux décisions de détail que nous rapportent les textes, nous serions tentés de répondre affirmativement. « Hæreditati ut domino per servum hereditarium adquiritur, » nous dit la loi 61 *Proc.*, § 1, liv. 41, tit. 1. Le *servus hereditarius* peut être institué héritier ou légataire : il peut stipuler ou

(*) Dig., fr. 24, l. L, tit. 16.
(**) Dig., fr. 208, l. L, tit 16.
(***) Dig., fr. 208, l. L, t. 16.

Cette vacance donnait lieu à tous les inconvénients intervenir dans une acceptation au profit de l'hérédité (*). Si le *de cujus* a commencé une usucapion, celle-ci ne sera pas interrompue par sa mort : à titre de *jus singulare*, on admet qu'elle continuera et même qu'elle pourra s'achever avant l'adition (**). Il semble donc que la succession qui peut ainsi acquérir et posséder soit une véritable personne morale : cependant, nous ne le croyons pas. Une personne morale est une création du législateur: c'est un être nouveau, qui est distinct de tout autre et qui a sa vie propre. Ce qu'on considère comme la personnalité, ce n'est au contraire qu'une de ces fictions timides si communes aux jurisconsultes romains. La nature même de cette fiction fut discutée. Une opinion ne vit dans la succession jacente qu'une continuation de la personne du défunt; une autre, faisant rétroagir l'adition, attribua à l'*hæreditas* la personnalité de l'héritier. De ces deux doctrines ce fut la première qui triompha (***). Elle avait l'avantage d'empêcher toute incertitude quant à la validité des institutions testamentaires faites au profit de l'esclave héréditaire. Il était, en effet, facile au testateur de savoir s'il avait avec le défunt la *factio testamenti*, tandis que rien n'eût pu lui assurer que l'héritier encore inconnu ne serait pas un *intestabilis*. C'est pour faciliter ces acquisitions par l'intermédiaire du *servus hereditarius* que fut imaginée la fiction : *hæreditas personam defuncti sustinet*. Cette fiction restreinte dans son objet l'était aussi dans ses effets : loin d'être absolue, elle souffrait de nombreuses exceptions. Lorsque l'esclave dépendant d'une succession avait été institué, il ne pouvait faire adition qu'après l'acceptation et sur l'ordre de l'héritier auquel il appartenait (****). Si un usufruit lui était légué, il n'était acquis qu'autant que le *servus* avait un maître certain, sur la tête duquel le droit pût se fixer. Enfin l'hérédité jouissait si peu d'une personnalité propre qu'elle ne pouvait posséder que lorsqu'il s'agissait d'une usucapion commencée, et en vertu d'un privilège spécial, d'un *jus singulare*. En dehors de cette hypothèse, les biens héréditaires étaient considérés comme *res nullius*; leur détournement ne pouvait alors donner lieu à l'action *furti* : le premier venu pouvait s'en emparer et les usucaper. Ce fut seulement sous Marc-Aurèle que l'institution du *crimen expilatæ hære-*

(*) Dig., fr., 33, § 2, fr. 34, l. XLI, tit 1; fr. 31, § 1, fr. 52, l. XLVIII, tit. 5.

(**) Fr. 31, § 5, fr. 40, fr. 44, § 3, l. XLI, tit. 3, Dig.

(***) Dig., fr. 24, l. XVLI, tit. 2, fr. 34, l. XLI, tit. 1.

(****) Dig. fr. 41, l. 41, tit. 1.

qu'entraînent l'absence d'intérêt dans l'administration et l'incertitude dans la possession. Grâce à la saisine, au contraire, les biens passent dès la mort du *de cujus* à celui qui est vraisemblablement appelé à lui succéder, « la propriété ne reste jamais en suspens et reçoit, malgré les vicissitudes et l'instabilité de la vie, un caractère d'immutabilité et de perpétuité. L'homme passe; ses biens et ses droits demeurent; il n'est plus, d'autres lui-même continuent sa possession et ferment subitement le vide qu'il allait laisser (1). »

Cet avantage d'une transmission héréditaire aussi rapide et aussi complète que possible suffit donc à expliquer que la saisine conservée par le droit intermédiaire se retrouve également dans notre Code civil. L'art. 724 en pose le principe en ces termes : « Les héritiers légitimes sont saisis de plein droit des biens, droits et actions du défunt, sous l'obligation d'acquitter toutes les charges de la succession. Les enfants naturels, l'époux survivant et l'État doivent se faire envoyer en possession par justice dans les formes qui seront déterminées. » Ce texte reproduit, quant au fond, l'art. 318 de la Cout. de Paris, mais il en diffère

ditatis vint remédier à cet abus (*). Telles sont les observations qui nous paraissent de nature à confirmer la doctrine que M. de Savigny a ainsi résumée (**) : « La succession non acceptée n'était pas, même chez les Romains, une personne juridique ; et si un texte l'assimile à une corporation (***), cela veut dire que l'une et l'autre donnent lieu à une fiction, mais à une fiction d'une espèce différente; car dans chacun de ces deux cas elle diffère par son principe et par sa fin. »

(1) Discours de Siméon au Corps législatif.

(*) Dig. fr. 68, 69, 70, l. XLVII, tit. 2, fr. 2, l. XLVII, tit. 19.

(**) Savigny, *System des heutigen romischen Rechts*, t. II, p. 363-373.

(***) Le texte auquel il est fait allusion est la L. 22 du Dig., l. XLVI, tit. 1 : « Hæreditas personæ vice fungitur sicuti municipium et decuria et societas. »

par sa rédaction. L'ancienne maxime *Le mort saisit le vif* a été abandonnée : notre législateur a tenu compte des observations de Laurière et reconnu que ce n'est pas le testateur, mais la loi qui saisit l'héritier. De tous les effets attribués à la saisine par les auteurs du dernier siècle, les seuls qui subsistent aujourd'hui sont ceux qui résultent de son caractère possessoire. Les rédacteurs du Code n'ont fait ainsi que reprendre l'ancienne théorie de Dumoulin et des jurisconsultes de son temps : l'héritier saisi est celui qui est légalement investi de la possession et de l'exercice des droits du *de cujus*. Quant à la transmission instantanée de la propriété, elle s'opère par cela seul que la succession est ouverte, et au profit de tous les successeurs, sans qu'il y ait lieu de distinguer suivant qu'ils sont ou ne sont pas saisis.

Si nous nous demandons maintenant à quelles personnes la loi actuelle défère la saisine, et si nous rapprochons de l'art. 724 l'art. 1004, nous voyons qu'on n'a suivi sur ce point ni le système des coutumes ni celui du droit écrit. Ce fut lors des travaux préparatoires une question très agitée que celle de savoir si on traiterait le légataire universel comme l'héritier testamentaire des anciennes provinces du Midi, ou si l'on ne devrait pas plutôt à l'exemple du droit coutumier lui refuser la saisine et l'obliger dans tous les cas à demander la délivrance à l'héritier du sang (1). Maleville et Tronchet soutinrent le premier système contre Treilhard et Bigot Préameneu ; une transaction appuyée par Cambacérès termina la discussion. On s'entendit pour refuser la saisine au

(1) Locré, *Législ. civ.*, t. II, p. 245 à 255.

légataire universel, lorsqu'au décès du testateur il existe des réservataires, et pour la lui accorder lorsqu'il n'en existe pas. On a invoqué pour justifier cette distinction la nécessité de constater le montant de l'hérédité pour assurer les réserves. L'argument n'est pas concluant, car ce n'est pas seulement le légataire qui pourrait dissimuler la situation véritable ou commettre des détournements. Le légataire saisi n'inspirera-t-il pas les mêmes craintes? Pour nous la raison de la loi est tout autre. Elle a conféré la saisine aux héritiers à réserve parce que leur droit est certain dans tous les cas : celui des légataires, au contraire, dépend d'un testament contestable; il peut toujours être attaqué logiquement. On aurait dû adopter la même solution, lorsque les légataires universels sont en concours avec des parents légitimes non réservataires; mais sur ce point on a transigé, et la transaction a conduit à une inconséquence.

En outre des deux hypothèses prévues par la loi : existence d'héritiers à réserve, absence d'héritiers à réserve, on peut en supposer une troisième. Il peut se faire que le défunt ait laissé dans une ligne un ascendant et dans l'autre un collatéral : donnera-t-on la saisine au légataire? Il ne saurait évidemment y prétendre pour le tout, mais on peut considérer chaque moitié de la succession comme une succession disctincte, accorder la saisine au légataire dans ses rapports avec le collatéral et l'obliger à demander la délivrance pour le quart qu'il enlève à l'ascendant. Nous repoussons cette solution qui nous paraît contraire au texte de la loi. Le texte ne dit-il pas, en effet, que le légataire n'est saisi qu'autant qu'il n'existe pas, de réservataire? Il est vrai que si on accorde à l'ascendant la totalité de la saisine, elle comprendra des biens auxquels elle ne serait point étendue en l'absence du testament ; mais il n'y a là rien de contraire aux principes, car on ne voit nulle part que la vocation héréditaire serve de limite à la saisine.

Quid si le légataire universel se trouve en concours avec un enfant naturel et des parents non réservataires? La difficulté provient de ce que l'enfant naturel est réservataire, mais n'est pas saisi. A s'en tenir aux termes de l'art. 1006, il faudra décider que l'enfant naturel n'étant pas héritier devra demander au légataire la délivrance de la réserve dont il n'a pas la saisine de plein droit.

Une autre discussion s'élève lorsque le légataire universel se trouve en présence de frères et sœurs et d'un ascendant autre que père et mère. Le légataire est-il saisi. La solution de cette question dépend de l'opinion qu'on adopte sur le point de savoir si dans notre hypothèse l'ascendant a ou n'a pas droit à la réserve. Suivant une première doctrine consacrée par la Cour de cassation (1), il y a droit si les frères et sœurs renoncent à la succession. La présence des collatéraux privilégiés est le seul obstacle à la vocation successorale de l'ascendant; mais celui-ci, par suite de la renonciation de ces collatéraux, sera présumé avoir toujours été héritier et saisi du jour du décès du testateur. Un second système accorde la réserve à l'aïeul sans s'inquiéter de l'attitude des frères et sœurs, auxquels on dénie le droit de renoncer. Leur renonciation serait inutile, car ils sont exclus

(1) Cass. 4 mai 1840; — Montpellier, 19 nov. 1857; — Nîmes, 16 fév. 1832; — Cass., 24 fév. 1863, et 22 mai 1869.

par le légataire universel. Bien plus, elle serait souvent frauduleuse et pourrait devenir le prix d'une collusion. Une troisième doctrine, enfin, à laquelle nous nous rattachons, s'accorde avec la précédente pour reconnaître l'inefficacité de la répudiation des collatéraux, mais elle en conclut précisément que les ascendants n'ayant pas de vocation héréditaire n'ont pas de réserve. Les ascendants, disons-nous, n'ont pas de vocation héréditaire, car l'institution d'un légataire universel n'a pu avoir pour effet d'anéantir le titre successoral des frères et sœurs. Ce titre est inscrit dans la loi : il est indépendant de la volonté du testateur. Les collatéraux auxquels il est conféré peuvent bien en fait être dépouillés par des dispositions testamentaires ; mais, juridiquement, ils n'en restent pas moins héritiers ab intestat. Et ce n'est pas là une pure fiction, car si le testament est entaché d'un vice qui permette de le faire tomber, c'est à eux qu'il appartiendra de l'attaquer et de profiter de la nullité prononcée. Quant aux ascendants, ils ne sont pas héritiers ; partant, ils ne sont pas réservataires, et ils ne peuvent enlever la saisine au légataire universel.

Un enfant naturel peut-il avoir la saisine lorsque le *de cujus* a laissé des parents au degré successible ? Cette question revient à celle de savoir si, dans l'hypothèse proposée, l'enfant naturel peut être institué légataire universel ? On a soutenu la négative en argumentant de l'art. 908 aux termes duquel les enfants naturels ne peuvent rien recevoir au delà de ce qui leur est accordé au titre des successions. Or si l'on se réfère à ce titre des successions, on y voit (art. 757) que les enfants naturels n'ont jamais qu'une quotité de l'hérédité. Leur père ne pourra donc faire en leur faveur qu'un legs à titre universel. Ce raisonnement repose tout entier sur une confusion. On oublie que l'art. 757 ne restreint la part des enfants naturels à une quotité qu'au cas où ils sont en concours avec des parents légitimes; mais, en l'absence d'héritiers au degré successible, ils ont droit à la totalité de la succession (art. 758). Ce droit éventuel à l'universalité des biens explique aisément qu'ils puissent être valablement institués légataires universels et prétendre à la saisine quand il n'y a pas de réservataires.

En vertu des articles 903 et 904 le mineur parvenu à l'âge de seize ans peut disposer par testament, mais seulement de la moitié de ce qui serait sa quotité disponible s'il était majeur. Si la portion de biens indisponible constituait une réserve, nous devrions, pour être conséquents avec nous-mêmes, reconnaître qu'elle pourra se concilier parfaitement avec la possibilité d'un legs universel. Mais il n'en est pas ainsi; tout le monde, au contraire, s'accorde à déclarer que les art. 903 et 904 règlent une question de capacité et non de disponibilité. Jusqu'à seize ans le mineur est absolument incapable; à partir de seize ans jusqu'à sa majorité la loi ne lui confère qu'une demi-capacité. Il ne pourra donc pas, alors même qu'il n'aurait pas d'héritiers à réserve, disposer de tous ses biens : le légataire auquel il laissera tout ce qu'il peut léguer ne sera qu'à titre universel et n'aura jamais la saisine.

Les principes que nous avons posés précédemment quant à la nature de la saisine nous permettent de résoudre sans hésitation la question de savoir si le testateur peut déroger à l'ordre dans lequel elle est déférée par le code. Actuellement, en effet, l'ancienne fiction d'après laquelle c'était le *de cujus* qui saisissait l'héritier a perdu jusqu'à l'apparence qu'elle avait encore conservée dans le dernier état du droit coutumier : la saisine est devenue purement légale. Le législateur, pour assurer au profit de tous les intéressés la conservation de l'hérédité, a saisi de préférence celui dont le droit est certain, et qui a une aptitude éventuelle au tout. L'intérêt qui a inspiré cette conception législative est un intérêt d'ordre public ; les particuliers sont tenus de s'y conformer. Alors même qu'ils ne laissent pas de réservataires et qu'ils instituent un légataire universel, on ne peut pas dire qu'ils disposent indirectement de la saisine ; car si le légataire est saisi, ce n'est pas par le testateur, c'est par la loi.

A quels biens s'applique la saisine? A l'hérédité tout entière, à l'*universum jus defuncti*. Le légataire universel saisi se met en possession de tous les biens ; s'il existe des dispositions accessoires telles que des legs particuliers, c'est à lui que les appelés devront s'adresser pour en obtenir la délivrance. Toutefois, quelle que soit la généralité compréhensive de la saisine, il est certains biens auxquels elle ne saurait s'appliquer. Ce sont d'abord tous les droits qui ne font pas partie du patrimoine et sont exclusivement attachés à la personne, comme la puissance paternelle, la tutelle, l'usufruit légal. Ce sont aussi tous les droits qui, bien que purement pécuniaires, ne sont pas transmissibles soit en vertu d'une disposition de la loi, soit à raison de leur nature ou du titre de leur acquisition. Sont intransmissibles de leur nature, l'usufruit, l'usage, l'habitation, la rente viagère, le mandat donné ou reçu par le défunt. Les biens grevés de substitution, ceux dont le *de cujus* n'était donataire que sous condition d'un droit de retour au profit du donateur survivant, ceux qu'il a donnés par contrat de mariage sous la condition de la survie du donataire, ne se transmettent pas par suite de la condition résolutoire qui les affecte. Il en est de même, aux termes de l'art. 747, du droit de retour légal. Dans ces différents cas, ni le nu-propriétaire au profit de qui l'usufruit s'éteint, ni le donateur qui peut invoquer un droit de retour, ni les donataires éventuels n'ont à former une demande en délivrance contre le légataire saisi. Comme leur droit reposait sur un titre indépendant de la volonté du *de cujus*, il paraît juste, dit M. Demolombe (1), qu'ils entrent immédiatement, *a die mortis*, en possession des biens, qui sont les leurs.

En étudiant les transformations successives de la saisine, nous avons constaté qu'on ne lui avait pas toujours attribué les mêmes effets. A l'époque féodale, elle constitue pour celui qui l'obtient le droit de se mettre lui-même en possession de l'hérédité. Au seizième siècle, apparaît l'idée d'une investiture légale de la possession ; au dix-huitième, enfin, une erreur d'analyse juridique amène les jurisconsultes à rattacher à la saisine des conséquences qui lui sont entièrement étrangères : la transmission directe et immédiate de la propriété de la succession aux successibles, l'obligation aux dettes *in infinitum*. En ce qui concerne la première de ces conséquences, nous avons montré que notre législateur l'avait rejetée et que dans notre Code la propriété se transmet par succession au profit de tous les héritiers, sans distinguer

(1) T. XIII, p. 182.

entre ceux qui sont saisis et ceux qui ne le sont pas. Quant à l'obligation *in infinitum* nous verrons plus loin qu'elle est un effet non pas de la saisine, mais de la qualité même d'héritier. Ainsi nous trouvons-nous ramenés à l'ancienne doctrine de Dumoulin : la saisine est redevenue purement possessoire ; elle consiste uniquement dans l'acquisition instantanée de la possession des biens du défunt, et de l'exercice de tous ses droits actifs et passifs.

Quelle sera donc la situation du légataire saisi? A partir du jour de la mort du défunt, il prendra la gestion et l'administration des biens héréditaires. Il pourra *hic et nunc* exercer les actions personnelles ou réelles, mobilières ou immobilières, pétitoires ou possessoires, dépendant de la succession. A proprement parler, la propriété de ces actions lui appartient indépendamment de la saisine; mais il ne suffit pas d'être propriétaire d'une action pour pouvoir l'exercer : il faut, pour agir en justice, être possesseur. Ce qui est remarquable ici, c'est que l'appelé saisi ne tient sa possession que de la loi : cette possession ne suppose aucune appréhension matérielle ; on la considère comme la continuation de celle du défunt. Si donc le *de cujus* pouvait intenter la complainte ou la réintégrande, le légataire saisi aura le même droit. La première de ces actions est fondée sur la possession annale ; elle se donne dans le cas où le possesseur a été non point spolié, mais inquiété, troublé dans la possession de la chose. Quant à la réintégrande, elle se donne à tout possesseur par cela seul qu'il a été dépouillé violemment (1). L'exercice de l'une au moins

(1) Cette distinction traditionnelle dans notre droit est consacrée par une jurisprudence constante. (Dalloz, 1862, I, 354.)

de ces actions ne suppose pas toujours qu'elle est née en la personne du *de cujus* : il peut arriver que le légataire puisse l'intenter alors que le défunt ne l'aurait pas pu lui-même. Supposons, en effet, qu'au moment de sa mort, le testateur possédait un immeuble depuis six mois : sa possession était insuffisante pour lui permettre d'agir en complainte. Mais si lors de l'ouverture de la succession un tiers s'empare de l'immeuble, et que six mois s'écoulent à nouveau sans qu'intervienne une appréhension matérielle de la part de l'appelé saisi, ce dernier n'en acquerra pas moins l'action possessoire qui manquait à son auteur. C'est qu'en effet, par suite de la saisine, il sera censé avoir continué la possession du *de cujus* ; et pour triompher dans son action, il lui suffira de démontrer qu'à l'aide de la *junctio possessionum* il a consommé la possession annale commencée par le défunt.

Nous avons supposé, dans l'hypothèse précédente, une possession portant sur un immeuble : quant aux meubles, on ne distingue guère la possession de la propriété. Cela résulte des traditions constantes de notre ancien droit, et notamment de la maxime qui a passé dans notre Code : « En fait de meubles, possession vaut titre. « Mais si l'on s'accorde à refuser l'action possessoire en matière mobilière, cela n'est vrai qu'autant qu'il s'agit de meubles envisagés individuellement : il en est tout autrement des universalités de meubles. A cet égard, l'Ordonnance de 1667, conforme d'ailleurs à certaines coutumes, notamment à celle de Paris, admettait l'action possessoire. L'universalité de meubles, dit-on, a toujours paru présenter une certaine analogie avec les biens immobiliers : « Sapit quid immobile. » Le silence du Code indique qu'il n'a pas songé à innover. Nous ne croyons pas cette argumentation décisive. Et d'abord, comme l'observent Aubry et Rau, la possession d'une universalité ne se conçoit pas. La possession suppose des actes matériels qui ne peuvent s'appliquer qu'à des objets individuels. « L'action possessoire dont les universalités juridiques pouvaient autrefois former l'objet avait donc été reçue *contra rationem juris ;* et en l'absence de toute disposition nouvelle reproduisant celle de l'ancien droit, on doit la repousser (1). » En ce sens, on peut encore invoquer l'art. 3, 2°, C. pr. qui déclare les actions possessoires de la compétence du juge de paix de la *situation* des biens. Or les meubles n'ont pas de situation.

S'il existe plusieurs légataires, chacun d'eux pourra intenter les actions possessoires pour le tout : car ces actions ne constituent qu'un acte conservatoire d'administration.

De même que l'appelé saisi peut poursuivre les débiteurs de la succession, de même qu'il peut revendiquer contre les détenteurs et prétendus propriétaires, réciproquement, il peut être poursuivi par les tiers qui auraient des actions à former contre la succession. La validité de cette poursuite n'est-elle pas subordonnée, cependant, à l'acceptation du legs? En d'autres termes, la saisine conférée au légataire universel n'est-elle pas affectée d'une condition suspensive? On l'a prétendu : tant que l'appelé n'a ni accepté ni renoncé, la saisine, a-t-on dit, est en suspens, et comme elle a été introduite en sa faveur, elle ne peut pas être rétorquée contre lui. Telle était, dans notre ancien

(1) Aubry et Rau, II, p. 121, note 3.

droit, l'opinion de d'Argentré, Lebrun et Pothier, qui discutaient la question à propos des héritiers légitimes. « La saisine de l'héritier établie par la maxime *Le mort saisit le vif*, dit Pothier, est en suspens jusqu'à ce que l'héritier se soit décidé sur le parti de l'acceptation ou de la répudiation de la succession (1). » Pour reconnaître que cette théorie est bien celle que les rédacteurs du Code ont entendu consacrer, il suffit de rapprocher les articles 775 et 777 : « Nul n'est tenu d'accepter une succession qui lui est échue. » « L'effet de l'acceptation remonte au jour de l'ouverture de la succession. » De ce que l'acceptation rétroagit, ne faut-il pas conclure que la saisine était en suspens? « Entre l'homme qui accepte une hérédité et celui qui la répudie, dit M. Troplong (2), il y a un état intermédiaire, et cet état est celui de l'homme qui s'abstient de toucher aux biens héréditaires et qui ne se prononce ni pour l'acceptation ni pour la répudiation. » C'est au créancier qu'il appartient de forcer l'appelé qui s'est tenu en réserve à prendre formellement qualité. Et alors, ou cet appelé accepte et le créancier aura valablement agi contre lui; ou il renonce, et l'action restera sans effet.

Nous ne pouvons admettre cette doctrine, qui nous paraît absolument inconciliable avec les textes les plus précis et les moins obscurs du Code civil. Et d'abord, l'art. 724 déclare expressément que les héritiers sont « saisis de *plein droit* des biens, droits et actions du défunt, sous l'obligation d'acquitter toutes les charges de la succession. » Dire que la saisine et l'obligation aux charges existent *ipso jure*, ce n'est

(1) *Des Successions*, ch. III, sect. II.
(2) *Revue de législ.*, 1836.

pas là évidemment les subordonner à la condition suspensive d'une acceptation ultérieure. C'est ce que confirme encore l'art. 785 aux termes duquel l'héritier qui renonce est censé n'avoir jamais été héritier. Si c'est par suite d'une fiction que le renonçant est censé n'avoir jamais été héritier, nous avons le droit d'en conclure que jusqu'à sa renonciation il était présumé acceptant. On nous objecte, il est vrai, que l'acceptation (art. 777) produit aussi bien que la renonciation un effet rétroactif; et nous devons avouer que cette double rétroactivité implique contradiction. Si la renonciation opère *in præteritum* la résolution de la qualité d'héritier, c'est que cette qualité existait : comment donc comprendre, puisqu'elle est indépendante de l'acceptation, qu'elle puisse en résulter? Il est donc impossible de concilier la théorie de l'art. 777 avec celle de l'art. 785 : nécessairement, il faut opter pour l'une et répudier l'autre. Pour nous, c'est uniquement dans l'art. 785 que nous voyons l'application des principes généraux de notre droit. Ces principes ont non seulement inspiré l'art. 724 du Code civil, nous les retrouvons dans le Code de procédure. Aux termes, en effet, de l'art. 174 C. proc., l'héritier saisi peut être poursuivi et assigné en cette qualité dès le moment de l'ouverture de la succession; s'il n'oppose pas l'exception dilatoire des trois mois et quarante jours, et dans tous les cas après l'expiration de ce délai, s'il n'a pas renoncé ou accepté sous bénéfice d'inventaire, il sera condamné en qualité d'héritier pur et simple : et cela sans que le créancier poursuivant ait à faire la preuve d'une acceptation. Quant à l'argument qui consiste à dire que la saisine établie dans l'intérêt de l'appelé ne peut être rétorquée contre lui, il nous paraît aujourd'hui suranné. Que la saisine n'ait eu pour but, à l'origine, que de soustraire l'hérédité aux exigences fiscales des seigneurs, cela peut être exact; mais, aujourd'hui, elle répond comme toutes les institutions juridiques à un intérêt d'ordre général. Elle a pour objet d'empêcher l'interruption des rapports de droit actifs et passifs, et, comme le dit M. Demolombe (1), elle n'est pas plus pour l'héritier que contre lui. La vérité est qu'elle est dans l'intérêt de tout le monde : des héritiers, des créanciers et de l'État lui-même. Concluons donc que le légataire universel saisi peut être poursuivi avant d'avoir accepté : la saisine qui lui est conférée est subordonnée à une condition non pas suspensive, mais résolutoire.

Une autre difficulté, qui, nous l'avons vu, s'était élevée déjà dans l'ancien droit, est celle de savoir si la saisine existe au profit du substitué vulgaire. Cette question présente une analogie évidente avec celle de la saisine dévolutive en matière de succession ab intestat. Mais lorsqu'on se demande si les héritiers légitimes des degrés subséquents sont saisis par la renonciation des héritiers plus proches, on comprend que la négative puisse s'appuyer sur des considérations qu'il est impossible d'invoquer lorsqu'il s'agit de dispositions testamentaires. Et d'abord on argumente de l'article 790, aux termes duquel les héritiers qui ont renoncé ont la faculté de revenir sur leur renonciation tant que les autres héritiers n'ont pas accepté la succession : ces derniers, dit-on, ne sont donc pas saisis dès que les premiers ont renoncé. A vrai dire,

(1) T. XIII, p. 177.

ce raisonnement ne nous a jamais convaincu, car la possibilité pour les héritiers du premier degré de faire valablement acte d'acceptation après avoir renoncé ne constitue qu'une condition résolutoire, dont se trouve affectée la saisine des héritiers subséquents. Mais en matière de legs nous avons vu que la renonciation était irrévocable ; de telle façon qu'on ne peut même pas prétendre tirer quelque conséquence de l'art. 790, puisque le principe posé dans cet article ne s'applique pas. On dit également, lorsqu'on soutient que la saisine n'est pas dévolutive en matière d'hérédités légitimes, que si elle descendait successivement de degré en degré par l'effet des renonciations, il n'y aurait lieu, d'après l'art. 811, de faire nommer un curateur à succession vacante qu'après que tous les parents jusqu'au douzième degré auraient été mis en demeure d'accepter ou de renoncer : or comme chaque poursuite autoriserait un nouveau délai de trois mois et quarante jours, il en résulterait pour les créanciers et tous les autres intéressés des retards intolérables et des frais très onéreux. Quelle que soit l'autorité de cette considération, autorité qui nous paraît du reste extrêmement contestable, il n'en est pas moins vrai qu'on ne peut songer à l'invoquer qu'autant qu'il s'agit de successions ab intestat, et qu'elle est tout à fait étrangère aux successions testamentaires. Il en est autrement des articles 724 et 785 dont la portée est générale, et qui nous permettent de conclure à l'existence d'une saisine au profit du substitué vulgaire. Aux termes en effet de l'art. 724 la saisine est acquise de plein droit à l'appelé auquel la loi la confère, et d'après l'art. 785 le renonçant est censé n'avoir jamais été héritier. Le substitué est donc un véritable institué sous condition suspensive : si cette condition est accomplie, s'il n'y a pas de réservataires, et s'il est légataire universel, il est évidemment saisi.

En matière de substitutions fidéicommissaires, les substitués ont-ils la saisine, ou doivent-ils former contre la succession du grevé une demande en délivrance ? Nous savons que la question avait été longtemps controversée dans l'ancien droit, mais que la négative avait fini par prévaloir et avait été consacrée par l'ordonnance de 1747. Notre Code n'a pas reproduit la règle de l'ancienne ordonnance : l'article 1053 porte au contraire « que les droits des appelés seront ouverts à l'époque où pour quelque cause que ce soit la jouissance de l'enfant, du frère ou de la sœur, grevés de substitution, cessera. » Le mot jouissance, ainsi que le remarque M. Demolombe (1), n'exprime pas exactement le droit qui appartient au grevé sur le bien substitué ; mais ce qui nous paraît certain cependant, c'est qu'il témoigne que, dans la pensée du législateur, la cause qui ouvre la substitution produit par elle-même ce double effet, corrélativement, d'éteindre tous les droits du grevé et de faire naître tous les droits des appelés. Si les appelés deviennent propriétaires dès le jour de l'ouverture de la substitution, pourquoi n'auraient-ils pas droit aux fruits conformément à l'article 546, pourquoi seraient-ils obligés à une demande en délivrance ?

Lorsqu'un partage d'ascendants a été fait par testament, chaque copartagé est-il, à la mort du *de cujus*, saisi de plein droit des biens compris dans son lot ?

(1) T. XXII, n° 617.

Cette question n'est autre que celle de savoir si le partage testamentaire est un acte de distribution, qui laisse subsister la vocation héréditaire des descendants. Que si cette vocation devient, au contraire, testamentaire, les descendants doivent être considérés comme des légataires et obligés à intenter les uns contre les autres des demandes en délivrance. Nous croyons, quant à nous, que le partage d'ascendants n'est qu'un partage anticipé, qui ne diffère du partage ordinaire que parce qu'il précède l'ouverture de la succession, au lieu d'être fait après. Le père de famille en partageant ses biens ne les attribue pas : il les distribue. Telle était la doctrine de nos anciens auteurs, celle de Lebrun, notamment (1). « Encore bien que l'acte par lequel l'ascendant a fait le partage entre ses enfants, fût un acte testamentaire, les coutumes ne laissent pas en ce cas de considérer les enfants comme héritiers ab intestat des parts et portions que leur père leur a léguées. » C'est de ce principe que la Coutume de Nivernais (2) tirait cette conséquence : « Et seront, lesdits enfants, saisis et vêtus des biens d'iceux défunts selon ledit partage et assignation. »

L'institué contractuel a-t-il la saisine? Une première opinion s'appuie pour la lui accorder sur les traditions du droit coutumier. Mais elle nous paraît absolument inconciliable avec l'esprit et le texte du Code. L'art. 724 en effet ne saisit que les héritiers : or ces expressions : *institution contractuelle*, *héritier contractuel*, ne se trouvent que dans la doctrine. La loi parle exclusivement de *donation de biens à venir*.

(1) *Des Successions*, l. IV, ch. I, n° 11.
(2) *Titre des Successions*, art. 17.

Aussi, ne pensons-nous pas non plus, comme le soutient un second système, que les donataires universels par contrat de mariage puissent être assimilés aux légataires universels, et avoir les mêmes droits que ceux-ci à la saisine. Comme le dit M. Laurent (1), on ne raisonne pas par analogie, quand il s'agit de droits qui ont leur fondement dans la loi : en les étendant, l'interprète ferait la loi, tandis que sa mission se borne à l'appliquer et à l'expliquer. Concluons donc que l'institué contractuel, alors même qu'il serait donataire universel et qu'il n'y aurait pas de réservataire, doit demander la délivrance aux héritiers du donateur.

Quoique tous les légataires universels aient la saisine lorsqu'ils ne sont pas en concours avec des réservataires, cependant ils ne peuvent pas toujours se mettre d'eux-mêmes en possession des biens héréditaires. Les règles varient suivant que le testament qui les institue a été fait par acte public, dans la forme mystique ou qu'il est olographe. Si le testament a été fait par acte authentique, le notaire en a du garder la minute, et cette minute en assure la conservation : il suffit donc au légataire qui veut en demander l'exécution ou s'en faire délivrer une expédition. Ces testaments en effet sont exécutoires par eux-mêmes, indépendemmant de toute autorisation justice et de toutes autres formalités. L'art. 1319 apporte cependant une restriction à ce principe. En cas de plainte en faux principal, l'exécution de l'acte argué de faux est suspendue par la mise en accusation. Si donc ce testament donnait lieu à une pour-

(1) *Principes*, t. XV, p. 278.

suite criminelle pour faux suivie d'une mise en accusation, le légataire ne pourrait se mettre en possession, car il y aurait présomption que le titre qu'il invoque a été fabriqué ou falsifié. En cas d'inscription de faux incident faite au cours d'un procès civil, les tribunaux peuvent, suivant les circonstances, suspendre provisoirement l'exécution de l'acte attaqué. Mais, dans toutes les autres hypothèses où le testament donne lieu à une contestation, lors, par exemple, qu'on en demande la nullité pour vice de forme, ou cassation, le légataire conserve le droit de se mettre en possession.

Sa situation est tout autre, lorsqu'il a été institué par un testament olographe ou mystique : on comprend, en effet, qu'en pareil cas le législateur ait entouré la prise de possession de certaines formalités, tant pour assurer la conservation du testament que pour en constater la régularité. Il importe, en effet, que le premier venu ne puisse, en se prétendant légataire, appréhender la succession, en vertu d'un titre quelconque dont rien ne prouve la sincérité. L'intérêt du légataire exige également que l'acte dans lequel il puise son droit ne puisse être ni soustrait ni détruit. Paul, dans le livre 4 titre 6 de ses *Sentences*, nous indique les précautions qu'avait prises dans ce but le droit romain. « Tabulæ testamenti aperiuntur hoc modo ut testes vel maxima pars eorum adhibeatur qui signaverint testamentum, ita ut agnitis signis, rupto lino, aperiatur et recitetur, atque ita describendi exempli fiat potestas; ac deinde signo publico obsignatum in archium redigatur, ut si quando exemplum ejus intercederit, sit unde peti possit. » Ces règles prévoyantes, que l'usage avait plus ou moins modifiées, passèrent dans notre ancien droit et inspirèrent les art. 1007 et 1008 de notre Code.

Toute personne, à laquelle un testateur à confié un testament olographe ou qui l'a découvert après sa mort, doit le présenter au président du tribunal civil de l'arrondissement dans lequel la succession s'est ouverte. Aux termes de l'art. 1007 le président le décachète, dresse procès-verbal de la présentation et de l'ouverture, et commet un notaire entre les mains duquel il ordonne que le testament soit déposé. Si le testament est dans la forme mystique la loi prescrit, en outre des mêmes formalités, une mesure spéciale. « L'ouverture doit en être faite en présence de ceux des notaires et des témoins signataires de l'acte de suscription qui se trouvent sur les lieux, ou eux appelés. » L'intervention du président, en cette circonstance, ne constitue pas, à proprement parler, un acte de juridiction, de juridiction contentieuse, tout au moins. Il n'a pas à examiner si le testament qui lui est présenté est ou non régulier en la forme. Pourvu que le décès du testateur soit notoire ou justifié, et que l'acte présenté offre, en apparence, la teneur d'un testament, le président ne peut se refuser à dresser le procès-verbal et ordonner le dépôt. Ces formalités sont suffisantes pour rendre exécutoire le testament olographe ou mystique, quand il contient des legs particuliers, à titre universel, ou même universels, pourvu qu'en ce dernier cas le légataire universel concoure avec des héritiers à réserve. Que si au contraire le légataire universel ne se trouve pas en concours avec des réservataires, l'art. 1008 déclare qu'il sera tenu de se faire envoyer en possession par une ordonnance du président mise au bas d'une requête à laquelle sera joint l'acte de dépôt. » On pourrait croire au premier abord que la disposition de l'art. 1008 a pour effet d'enlever la saisine au légataire universel, qui tire sa vocation d'un testament olographe ou mystique, alors même qu'il ne se trouve pas en concours avec un héritier à réserve. Ne semble-t-il pas que l'art. 724 établisse une corrélation entre l'envoi en possession et la saisine, et ne peut-on pas dire qu'il en est du légataire universel comme du successeur irrégulier, lequel ne doit se faire envoyer en possession que parce qu'il n'est pas saisi ? L'analogie n'est que spécieuse, et il suffit de quelque réflexion pour se convaincre qu'entre l'envoi en possession du successeur irrégulier et celle du légataire, il n'y a de commun que le mot. Le premier doit intenter une véritable action judiciaire, qui est portée devant le tribunal et y est jugée comme toutes les actions. Le légataire au contraire s'adresse par simple requête au président qui fait en quelque sorte fonction d'officier public et n'intervient que pour donner au testament un caractère extérieur et en assurer l'exécution (1).

Le rôle de ce magistrat cependant n'est pas purement passif. Il doit examiner, avant d'accorder l'envoi qu'on lui demande, si les conditions exigées par la loi sont véritablement remplies. Le légataire devra donc prouver tout d'abord qu'il est légataire universel, et que le titre qu'il invoque est un testament régulier. Il devra en second lieu démontrer qu'il est saisi, c'est-à-dire qu'il n'est pas en concours avec des réservataires. Le président appréciera et jouira, pour accueillir ou

(1) Laurent, t. XIV, p. 23.

rejeter la demande, d'un pouvoir discrétionnaire.

Son ordonnance pourra-t-elle être attaquée et par quelle voie? C'est là une question sur laquelle bien des opinions différentes se sont produites. Certains auteurs admettent qu'il pourra y avoir lieu à opposition devant le tribunal (1). Nous ne saurions nous rallier à cette doctrine qui se heurte aux principes les plus élémentaires de la procédure. L'opposition, en effet, est un recours qui permet à une partie condamnée sans avoir été entendue de s'adresser au juge qui a rendu la première sentence pour lui demander, de l'infirmer. Comment donc comprendre que ce soit au Tribunal à rétracter l'ordonnance du président? On ne s'expliquerait pas davantage qu'il le réformât en appel, car il ne constitue pas une juridiction supérieure. L'opposition ne serait pas non plus recevable devant le magistrat qui a rendu l'ordonnance ; elle n'est ouverte en effet qu'au défaillant. Et dans l'espèce il n'y a ni partie défaillante ni débat contradictoire. L'appel devant la cour est inadmissible, car on ne peut interjeter appel, lorsqu'on n'a été ni demandeur ni défendeur en première instance. D'ailleurs les articles 809 et 418 du Code de procédure n'autorisent l'appel pour les ordonnances du référé que lorsqu'elles portent permission d'assigner à bref délai et de saisir les effets mobiliers : il en résulte *a contrario* que dans tous les autres cas l'appel est exclu. Quant à la tierce opposition, elle n'est donnée que contre les décisions susceptibles d'acquérir l'autorité de la chose jugée et pour écarter l'effet qui en résulte. Or l'ordonnance d'envoi en possession est essentiellement provisoire,

(1) Besançon, 26 fév. 1868 (Sirey, 68, II, 252).

et subordonnée au maintien du testament. Le président pourrait-il, comme on l'a soutenu, ne rendre son ordonnance que sous condition, et en se réservant, en cas de difficultés, une nouvelle faculté d'apréciation. Rien ne serait plus arbitraire qu'un pareil droit, car c'est un principe incontestable que toute décision crée pour celui qui l'a obtenue un bénéfice qui ne peut pas être retiré. Le président se dessaisit en rendant son ordonnance ; il épuise sa juridiction. Au surplus, le vice essentiel de tous les systèmes que nous venons de signaler et qui admettent une voie de recours contre la décision du président, c'est qu'ils se méprennent absolument sur le caractère de cette décision. Elle n'est pas contentieuse, comme ils le supposent, c'est-à-dire qu'elle ne statue pas sur des prétentions opposées, contradictoirement débattues ; elle est, au contraire, purement gracieuse. C'est là ce qu'a démontré avec une grande sûreté de logique un savant auteur dont le nom fait autorité en matière d'ordonnances sur requête. « L'ordonnance d'envoi en possesssion, dit M. Bazot, est rendue à la requête exclusive du légataire universel. Et ce serait une décision contentieuse que celle qui aurait statué non sur des prétentions rivales, mais sur la demande, d'une seule partie, non sur un débat contradictoire, mais sur une sollicitation, non après une assignation préalable, mais après simple requête, qui n'aurait fixé aucun fait contesté, prononcé contre qui ce fût aucune condamnation, dont aucune disposition ne serait susceptible d'acquérir l'autorité de la chose jugée et par suite de causer à personne ce préjudice spécial, qui seul peut légitimer les voies de recours (1). »

(1) Bazot, *des Ordonn. sur requête et des Ordonn. de référé*, p. 96.

Mais si l'ordonnance d'envoi en possession est inattaquable, il n'en résulte pas que les droits des héritiers légitimes restent sans protection. Ils ont en effet la ressource d'un débat sur le fond du droit ; ils peuvent intenter la pétition d'hérédité contre le légataire et demander aux tribunaux la nullité du testament. A cette condition, l'art. 909 du Code de procédure les autorise à exiger l'apposition des scellés, laquelle peut être requise, dit la loi, par tous ceux qui prétendent droit dans la succession. Ils doivent être appelés également à la levée des scellés, qui précède l'inventaire : aux termes de l'article 930, ils peuvent la requérir eux-mêmes.

Du même, *Revue pratique*, ann. 1858, *Questions sur les art.* 1007 *et* 1008 *du C. Napoléon.* — A cette règle que l'ordonnance d'envoi en possession n'est pas susceptible de recours, M. Bazot admet cependant une exception : c'est en cas d'incompétence du président. Cette dérogation nous semble avoir été parfaitement justifiée par la Cour de Dijon, qui l'a consacrée dans l'arrêt suivant : « La Cour, considérant qu'il importe peu de rechercher dans l'espèce si l'ordonnance mise au bas de la requête du légataire, en l'absence de toute contradiction, n'emporte que des effets provisionnels et n'est susceptible d'aucun recours comme émanée de la juridiction administrative du président ; — Que ce qui est en litige, ce n'est ni l'opportunité de l'ordonnance, ni l'usage que le juge a fait de son pouvoir spécial, mais l'existence même de son pouvoir ; — Qu'il s'agit ici non d'un intérêt purement privé ou de la mesure d'exécution prescrite par le magistrat en vertu de son autorité et de ses appréciations personnelles, mais du maintien même des juridictions et d'un intérêt d'ordre public ; — Que l'illégalité qui frappe l'ordonnance lui enlèverait au besoin le caractère d'acte purement gracieux pour lui imprimer un caractère judiciaire proprement dit, sur la réclamation même des héritiers naturels ; — Que l'appel est de droit commun et que sa recevabilité peut d'autant moins être contestée dans la cause, qu'aux termes de l'art. 454 C. pr., il est toujours recevable en en cas d'incompétence, encore bien que le jugement ait été qualifié en dernier ressort ; — Par ces motifs, faisant droit à l'appel, annule l'ordonnance.... » (Sirey, 1870, 2e part., p. 175.)

Que si la levée est faite sur la réquisition du légataire, celui-ci doit sommer les héritiers d'y assister. Les mêmes règles s'appliquent à l'inventaire, auquel tous les intéressés sont convoqués.

Dans le cas où des mesures urgentes seraient nécessaires pour sauvegarder les intérêts des héritiers, le tribunal saisi de l'action principale pourrait certainement, en vertu des principes généraux de la procédure, ordonner durant l'instance des mesures provisoires telles que le séquestre des biens de la succession. Nous croyons même que le séquestre pourrait légalement être obtenu en référé. Une telle décision n'aurait rien que de conforme à l'art. 1961 C. civ. ; elle serait d'ailleurs entièrement indépendante de l'ordonnance d'envoi en possession. Cette ordonnance ne serait ni réformée ni rétractée. S'il est vrai que ses effets seraient modifiés ou suspendus, c'est qu'elle ne saurait, pas plus que les formules exécutoires dont sont revêtus les actes authentiques, mettre obstacle aux mesures provisoires qui peuvent être ordonnées par justice dans un intérêt de conservation.

Mais, pratiquement, il n'est pas sans importance de remarquer que le juge des référés n'annulera pas l'envoi en possession. Cet envoi, en effet, ne permet pas seulement au légataire de se saisir des biens héréditaires : il a encore pour conséquence, dans l'opinion de la jurisprudence, de rejeter sur les héritiers légitimes la charge de prouver que le testament olographe contesté n'émane pas du *de cujus*. En effet, dit-on, lorsque le légataire obtient la possession, il devient par cela même défendeur à la pétition d'hérédité. Nous l'admettons ; mais qu'en résulte-t-il ? C'est que l'héritier demandeur est tenu de prouver le fait qu'il affirme, c'est-à-dire sa parenté au degré successible avec le défunt. Si le légataire répond en opposant un testament, il devient demandeur à son tour. « Reus excipiendo fit actor ; et actori incumbit onus probandi. » La Cour de cassation reconnaît bien que ce sont là les principes généraux du droit, mais elle prétend que l'art. 1008 y apporte précisément une dérogation. Cette dérogation résulte de l'ordonnance d'envoi en possession, qui n'est pas une affaire de pure forme et fait naître au profit du testament une *présomption de validité*. Cette présomption est, à notre avis, absolument imaginaire, car aucun texte ne l'établit. L'ordonnance du président ne constitue, nous l'avons vu, qu'un acte de juridiction gracieuse, destiné à régler une situation provisoire, et n'ayant pas l'autorité de la chose jugée. Après l'envoi en possession le testament olographe ne devient pas un acte authentique ; il reste ce qu'il était avant : un acte sous signature privée, et c'est à celui qui s'en prévaut à en prouver la sincérité.

Après avoir étudié la situation des légataires saisis, il nous reste à nous demander de quelle manière ceux qui n'ont pas la saisine peuvent prendre possession des biens légués. Sur ce point les art. 1004, 1011 et 1014 posent une règle commune aux légataires universels en concours avec des réservataires, aux légataires à titre universel, et aux légataires particuliers : les uns et les autres doivent demander la délivrance aux héritiers saisis. La nécessité d'une demande en délivrance est la conséquence forcée de la saisine héréditaire, « dont les effets ne peuvent être neutralisés ni par une disposition du testateur ni par un fait unilatéral du légataire (1) ».

(1) Aubry et Rau, t. VII, p. 476, note 1.

Si le testateur pouvait affranchir les légataires de l'obligation de demander délivrance, il s'en suivrait qu'il pourrait déroger à la saisine.

La demande en délivrance peut être judiciaire ou volontaire. La délivrance volontaire n'est soumise à aucune règle spéciale, une lettre missive, par exemple, suffit pour la constater. Elle peut même n'être que tacite et résulter de l'exécution du legs. C'est ainsi que le légataire de l'usufruit d'une somme d'argent ou d'une rente auquel l'héritier en a servi les intérêts pendant une ou plusieurs années est dispensé de demander la délivrance de son legs. Il suffirait même que le légataire eût été laissé par les héritiers en paisible possession de la chose léguée, dont il aurait pris possession à leur vu et su, pour que le juge pût trouver dans ce fait la preuve d'une délivrance consentie volontairement par les héritiers (1). Ce n'est pas à dire, cependant, que les légataires soient affranchis de la demande en délivrance, lorsqu'au décès du testateur ils ont déjà à un titre quelconque la possession de la chose léguée, par exemple comme emprunteurs, locataires, ou fermiers. Plusieurs auteurs soutiennent cependant qu'en pareil cas la demande serait sans objet. C'est une erreur, car la détention matérielle que peuvent avoir les légataires ne constitue pas cette possession *pro legato* qui leur manque et que la délivrance peut seule leur faire acquérir. La délivrance implique d'ailleurs le consentement de l'héritier saisi, auquel le législateur a voulu permettre de contrôler le titre du légataire. A l'appui du système contraire, on a invoqué l'opinion de Pothier

(1) Civil, rejet, 18 nov. 1840 (Dalloz, 1841, I, 17). — Req. rejet, 25 janv. 1865 (Sirey, 65, I, 88).

(*des Donat. test.*, ch. v, sect. II, § 2); mais il suffit de lire attentivement le passage cité pour lui reconnaître un sens absolument différent de celui qu'on lui prête. Pothier, d'accord en cela avec Ricard, dit seulement qu'il n'est pas nécessaire que le légataire qui possède déjà la chose léguée en remette effectivement la possession à l'héritier, pour que l'héritier à son tour la lui rende. Mais il ne conclut pas de là que le légataire est dispensé de former une action en délivrance. Nous pensons donc que cette demande en délivrance sera nécessaire, et nous assimilons au cas où le légataire était possesseur des objets légués au moment du décès du testateur, celui où il en était propriétaire par indivis. Ainsi le conjoint survivant, commun en biens et légataire des droits du *de cujus* dans la communauté, restera tenu de s'adresser aux héritiers saisis. Il en sera de même du légataire par préciput, bien qu'il y ait eu sur ce point de longues controverses dans notre ancien droit. L'héritier, disait-on, est saisi et investi par conséquent de la possession de la chose léguée; à quoi Ricard répondait que « la coutume, en déclarant que l'héritier est saisi de plein droit, ne peut s'entendre que jusqu'à concurrence de sa part et portion; de sorte que si en vertu d'un autre titre, il a d'autres prétentions sur les biens du défunt, il doit être considéré comme un étranger (1). »

Il est une hypothèse dans laquelle on s'accorde généralement à déclarer inutile la demande en délivrance : c'est lorsqu'il s'agit d'un legs de libération. Ce legs, conformément aux principes généraux, pro-

(1) Ricard, part. 2, n°s 11 et 29. — *Contra*, Furgole, *des Testaments*, ch. x, n° 58; — Brodeau, Lettre *h*, somm. XVI, n° 22.

duit son effet à partir du décès (art. 1014) : il en résulte que la dette est immédiatement éteinte. Comment donc des intérêts pourraient-ils être dus pour une dette qui n'existe plus?

Une seconde exception est admise également au profit du légataire d'effets mobiliers que le testateur a nommé son exécuteur testamentaire en lui conférant la saisine. Cette solution nous paraît cependant contestable, car elle suppose que l'exécuteur saisi peut exécuter les legs mobiliers sans avoir demandé le consentement de l'héritier ou du légataire universel, obtenu contre lui un jugement passé en force de chose jugée. Rien ne serait plus contraire aux principes du droit qu'une telle faculté. L'exécuteur testamentaire, en effet, n'est pas débiteur du legs : le débiteur c'est l'héritier, lequel doit pouvoir contrôler les demandes en délivrance formées par les légataires.

Aux termes de l'art. 1004, le légataire universel est tenu de demander la délivrance aux réservataires saisis. Quant aux légataires à titre universel, il résulte de l'art. 1001 qu'ils doivent former leur demande contre les héritiers à réserve, lorsque le testateur en a laissé, sinon contre le légataire universel, et en l'absence de légataire universel, contre les parents légitimes dans l'ordre d'après lequel ils sont appelés à la succession. Les mêmes règles s'appliquent également aux légataires particuliers (art. 1014).

S'il existe un héritier réservataire et un légataire universel, à qui les légataires à titre universel ou à titre particulier devront-ils demander la délivrance? Si la demande est intentée après que le légataire universel a lui-même obtenu l'exécution de son legs il sera seul tenu de l'obligation de délibérer. L'héritier, en effet, ne peut plus être actionné, puisqu'il s'est dessaisi du disponible et réduit à sa réserve. Mais si c'est le légataire à titre universel ou à titre particulier qui sollicite le premier la délivrance, c'est à l'héritier qu'il devra s'adresser : mais comme en définitive c'est sur le legs universel que pèsent les dispositions particulières ou à titre universel, l'héritier saisi agira prudemment en mettant en cause le légataire universel. A défaut de cette précaution, il s'exposera à voir critiquer plus tard la délivrance qu'il aura faite, quand même il l'aurait faite par suite du jugement, puisque la chose jugée contre lui ne pourrait être opposée au légataire universel, qui n'était pas partie au procès (1).

Si les legs épuisent la totalité de la succession et que les héritiers saisis renoncent, la pratique a toujours admis que les légataires n'étaient pas obligés de demander la délivrance à chacun des héritiers subséquents : on leur reconnaît le droit de faire nommer un curateur à succession vacante et de l'actionner directement. Cette opinion s'explique en fait, car s'il fallait agir successivement contre tous les parents jusqu'au douzième degré dans l'une et l'autre ligne, la délivrance serait trop dispendieuse et trop lente. Mais théoriquement, il n'en reste pas moins vrai, comme le remarque M. Laurent (2) qu'on s'écarte de la rigueur du droit. « Les légataires sont tenus de demander la délivrance aux héritiers saisis; or, tous les héritiers légitimes le sont dans l'ordre déterminé par la loi, de sorte que la renonciation de l'héritier le plus proche fait passer la saisine sur la

(1) Colmet de Santerre, t. XIV, p. 331.
(2) T. XIV, p. 52.

tête de l'héritier le plus éloigné. Il ne peut être question de faire nommer un curateur aussi longtemps qu'il y a des héritiers connus qui sont saisis de la succession : c'est seulement quand la succession sera vacante dans le sens légal du mot que les légataires pourront faire nommer un curateur contre lequel ils forment leur demande. »

Lorsqu'il n'existe pas de parents légitimes et que la succession est dévolue à des successeurs irréguliers, qui ont obtenu l'envoi en possession, c'est contre eux que doit être intentée l'action en délivrance. Aucun texte cependant ne le déclare expressément. L'article 1011 ne parle que *des héritiers appelés dans l'ordre établi au titre des successions* ; or, dans la terminologie du code, les successeurs irréguliers ne sont pas héritiers. Il paraît difficilement contestable, cependant, que nous ne devions, quant au point de vue qui nous occupe, assimiler l'envoi en possession à la saisine. Cet envoi, en effet, a pour résultat d'investir les successeurs irréguliers de l'universalité de la succession ; et comme les légataires ne peuvent, sans commettre une voie de fait, s'emparer des objets légués, ils se trouvent ainsi nécessairement obligés de demander la délivrance à ceux qui ont la possession.

Aux termes de l'article 2016, les frais de la demande en délivrance sont à la charge de la succession, sans néanmoins qu'il puisse en résulter de réduction à la réserve légale. Cette disposition cependant doit être combinée avec l'art. 130 C. pr. qui veut que toute partie qui succombe soit condamnée aux dépens. Ainsi le légataire qui élève des prétentions exorbitantes et mal fondées peut être condamné à tous les frais du procès. Inversement, il est de jurisprudence constante que les frais de la délivrance sont à la charge de la succession, bien qu'il puisse en résulter une réduction de la réserve légale, lorsque les héritiers à réserve ont donné lieu à ces frais en résistant mal à propos à la demande (1). Les droits d'enregistrement auxquels donne lieu la transmission des biens sont dus par le légataire : ce sont, en effet, des frais de mutation, c'est-à-dire d'acquisition, que le droit commun met à la charge de tout acquéreur. Dans l'ancien droit, le légataire qui voulait profiter de son legs devait faire enregistrer tout le testament, sauf à poursuivre contre ses colégataires le recouvrement des frais au prorata de leurs contributions. Cette rigueur fiscale n'a pas passé dans notre Code, et l'art. 1016 *in fine* déclare expressément que chaque legs pourra être enregistré séparément. Le même article autorise le testateur à déroger aux règles relatives à la répartition des frais, à mettre ceux de la demande en délivrance à la charge du légataire et les droits d'enregistrement à la charge de la succession.

La délivrance a pour effet de dessaisir l'héritier, de permettre au légataire de se mettre en possession et d'exercer toutes les actions auxquelles il avait droit. Nous disons qu'il y avait droit, car la propriété des objets légués lui appartenait depuis l'ouverture de la succession. Aussi pouvait-il faire avant toute demande en délivrance les actes conservatoires et notamment prendre inscription sur les immeubles de la succession (art. 2111), demander la séparation des

(1) Metz, 14 fév. 1820 (Dalloz, *Disp. testam.*, n° 3871).

patrimoines, interrompre les prescriptions, etc... Il pouvait, également dès le jour du décès du testateur, aliéner soit à titre onéreux, soit à titre gratuit, les biens légués. Ces biens faisant partie de son patrimoine étaient le gage de ses créanciers, qui pouvaient les saisir, les frapper d'opposition, les faire vendre, à charge bien entendu pour l'acheteur d'intenter lui-même la demande en délivrance. Mais de ce que le légataire non saisi est propriétaire, s'en suit-il qu'il a les actions réelles résultant de la propriété? C'était là autrefois une question diversement résolue par le droit écrit et le droit coutumier. Le premier reconnaissait au légataire l'action en revendication (1). En droit coutumier, au contraire, dit Pothier, lorsque la chose léguée se trouve en la possession d'un tiers détenteur, le légataire pour pouvoir la revendiquer contre ce tiers doit préalablement se faire saisir de son legs par l'héritier. Quelle est de ces deux doctrines contradictoires celle qu'ont adoptée les rédacteurs du Code? Il y a beaucoup d'incertitude sur ce point. Dans le doute, Merlin propose de permettre au légataire de poursuivre le tiers détenteur, à la condition de mettre en cause l'héritier, lequel sera tenu de faire la délivrance si l'éviction est prononcée. Beaucoup d'auteurs plus logiques, à notre avis, se refusent à cette transaction, et, de ce que la demande en délivrance était inconnue du droit romain, concluent qu'il faut s'en tenir exclusivement à la tradition coutumière, et refuser au légataire non saisi le droit d'agir.

Aux effets de la délivrance se rattache la question

(1) Furgole, ch. x, n° 56. (*Œuvres*, t. III, p. 402.)

de droit aux fruits. Pothier et les auteurs du siècle dernier faisaient de ce droit une conséquence de la saisine : aussi décidait-on qu'il ne courait au profit des légataires qu'à partir de la demande en délivrance. En cette matière notre loi n'a pas expressément formulé de principes généraux, et pour rechercher quels sont ceux qui l'ont inspirée, nous en sommes réduits à l'interprétation des dispositions particulières posées dans les art. 1005 et 1014. L'art. 1005 se place dans l'hypothèse où le légataire universel se trouvant en concours avec des réservataires n'a pas la saisine: « Néanmoins, il aura la jouissance des biens compris dans le testament à compter du jour du décès, si la demande en délivrance a été faite dans l'année depuis cette époque : sinon cette jouissance ne commencera que du jour de la demande formée en justice ou du jour que la délivrance aurait été volontairement consentie. » Quant à l'article 1014 il s'applique au légataire à titre particulier, et après avoir établi qu'il a droit à la chose léguée à partir de la mort du testateur, il ajoute : « Néanmoins le légataire particulier ne pourra se mettre en possession de la chose léguée, ni en prétendre les fruits ou intérêts qu'à partir du jour de sa demande en délivrance ou du jour que sa démande lui aurait été volontairement consentie. » En ce qui concerne le légataire à titre universel le Code est muet, et c'est précisément pour suppléer à cette absence de textes que nous nous demandons quelle règle synthétique régit l'acquisition des fruits.

Quelques auteurs, reprenant la théorie ancienne de Pothier, voient dans cette acquisition un effet de la saisine. Ils en concluent que le légataire à titre universel n'étant jamais saisi de plein droit doit être assimilé au légataire particulier et tomber sous le coup de l'article 1014. La première objection qui s'élève contre cette doctrine, c'est la contradiction évidente qu'elle rencontre dans la loi. Celle-ci, en effet, lorsque la demande en délivrance a été formée dans l'année du décès, n'attribue-t-elle pas les fruits au légataire universel à compter de l'ouverture de la succession, encore qu'il soit en concours avec des héritiers saisis? On répond, il est vrai, qu'il n'y a là qu'une inconséquence, et que cette faveur exceptionnelle a été une des clauses de la transaction qui s'est faite sur la question de l'attribution de la saisine à l'institué. Les rédacteurs du Code ont refusé la saisine au légataire universel en présence de réservataires; mais pour atténuer les conséquences de ce refus, ils lui ont accordé la jouissance immédiate de l'hérédité. C'est là une disposition de droit étroit, qui ne peut pas être étendue.

Nous ne nous arrêterons pas à discuter cette application de l'article 1005, car nous contestons le principe même de l'opinion que nous venons d'exposer. Nous n'admettons pas qu'il y ait dans notre droit un rapport quelconque entre l'acquisition des fruits et la saisine. Il est parfaitement exact que les fruits d'une chose appartiennent au propriétaire de cette chose; mais l'erreur de nos adversaires consiste à prétendre qu'un successeur n'est propriétaire que parce qu'il est saisi. Il résulte au contraire de l'article 724 que la propriété se transmet par succession, et de l'article 1016 que les légataires ont *a die mortis* un droit à la chose léguée. Du jour où ils sont propriétaires, ils doivent acquérir les fruits. Telle est la règle générale : l'art. 1005 qui s'occupe du légataire universel ne fait que la lui appliquer. Attribuer la jouissance d'une chose à celui qui la détient accidentellement, qui n'en a pas la propriété, voilà l'exception véritable au droit commun. Cette disposition exorbitante se trouve dans l'art. 1014 : elle doit être limitée à l'hypothèse en vue de laquelle elle est écrite, c'est-à-dire au cas où il s'agit d'un legs particulier. Elle se justifie par cette considération que la loi ne veut pas mettre l'héritier ou le successeur saisi dans la nécessité de tenir un compte des fruits afférents à chaque objet ou à chaque bien dont se compose la succession : c'est aux légataires de ces choses à veiller à la conservation de leurs droits. Ils n'ont pas d'ailleurs, comme les successeurs à titre universel, à supporter les intérêts des dettes à partir du jour de l'ouverture de la succession : on comprend donc qu'on ait pu ne leur accorder la jouissance de la chose léguée qu'à partir du jour où ils en demandent la délivrance. Mais quand il s'agit d'un successeur de quote-part, aucune de ces raisons ne peut être alléguée, et la règle qui attribue les fruits au propriétaire doit reprendre toute sa portée. Au surplus, les travaux préparatoires nous démontrent que c'est bien là ce qu'ont voulu les rédacteurs du Code. Le projet primitif ne faisait aucune distinction entre le légataire universel et le légataire à titre universel, et l'article 1014, dans sa disposition originaire, était ainsi conçu : « Tout legs pur et simple, fait *soit à titre universel*, *soit à titre particulier*, donnera au légataire, du jour du décès du testateur, un droit à la chose léguée, droit transmissible à ses héritiers ou ayants cause. Néanmoins *le légataire* ne pourra se mettre en possession, etc... » Au contraire, la rédaction qui a passé dans les Codes ne s'applique plus qu'au légataire à titre particulier. On a supprimé dans le premier alinéa ces mots : *soit à titre universel*, *soit à titre particulier* ; et, ce qui est plus significatif encore, on a ajouté dans le second alinéa le mot *particulier*. De ces changements il résulte clairement que le légataire a entendu limiter l'art. 1014 au légataire particulier et ne faire, quant à l'acquisition des fruits, aucune distinction entre les légataires soit universels, soit à titre universel.

C'est en vain qu'on s'est efforcé de renverser les termes de l'argumentation et d'attribuer à l'art. 1005 un caractère exceptionnel. On a prétendu que cet article dérogeait aux règles sur l'acquisition des fruits par le possesseur de bonne foi. En effet, a-t-on dit, l'héritier saisi est investi par la loi de la possession de la succession, et le possesseur de bonne foi, aux termes de l'art. 549, fait les fruits *siens*. Il suit de là que, si le légataire universel en concours avec des réservataires a la jouissance des biens compris dans le testament à compter du jour du décès, ce n'est que grâce à une faveur, qui doit s'entendre restrictivement. Ce raisonnement serait parfaitement fondé s'il était vrai qu'on pût considérer l'héritier saisi comme un possesseur de bonne foi. Mais peut-on dire qu'il possède de bonne foi, alors qu'il connaît le testament et sait très bien qu'il devra rendre tout ou partie de l'hérédité. En supposant même que le testament lui soit inconnu, ne doit-il pas, lorsque s'ouvre la succession, s'attendre à le voir apparaître ? Ces considérations nous déterminent à croire que l'art. 1005 n'est pas une exception et nous confirment dans l'opinion qu'il s'applique par analogie au legs à titre universel.

L'application du principe que le légataire à titre particulier ne gagne les fruits qu'à partir de la demande en délivrance, a donné lieu dans la pratique à de nombreuses difficultés. On s'est demandé quelle est l'étendue du droit accordé par la loi aux héritiers saisis? à quels produits ils peuvent prétendre? à ceux seulement qu'acquerrait un usufruitier ou à d'autres encore? et auxquels (1)? Continuateurs du défunt quant à la jouissance, ils peuvent soutenir que tout ce que le défunt comprenait ou aurait pu comprendre dans sa jouissance leur appartient. S'il en est ainsi, il faut admettre qu'ils peuvent ouvrir des mines ou des carrières, aménager des futaies, modifier les aménagements antérieurs. Assez récemment, la jurisprudence a été appelée à statuer sur le point de savoir si c'est à eux que revient le profit des chablis : on appelle ainsi les arbres arrachés ou brisés par le vent. Juridiquement parlant, les chablis ne sont pas des fruits; mais il peut se faire, et c'est ce qui arrive presque toujours, que le *de cujus* les ait compris dans ses revenus en coupant d'autant moins d'arbres vifs. En pareil cas, la cour de Nancy a décidé qu'ils resteraient aux successeurs saisis. Les auteurs, au contraire, inclinent généralement à chercher uniquement dans le titre de l'usufruit des règles pour déterminer à quoi peut prétendre une personne ayant un droit à des fruits en quelque qualité que ce soit. Toute limite

(1) Cette question, ou, plus généralement, celle de savoir s'il faut appliquer les règles de l'usufruit à toutes les situations dans lesquelles se présente un droit aux fruits (possession de bonne foi, rapport, réduction), a été savamment examinée par M. Ernest Dubois à l'occasion d'un arrêt de la Cour de Nancy. (Dalloz, 1870, II, p. 100).

apportée au droit de l'usufruitier est nécessairement apportée à celui de quiconque a un droit à des fruits ; nul ne peut revendiquer un produit que l'usufruitier ne gagnerait pas. « Ce n'est pas, dit M. Laurent (1), que cette application d'un seul et même principe à des situations diverses soit fondée en raison ; la raison demanderait que, pour des positions différentes, il y eût des principes différents. Mais c'est au législateur seul à combler la lacune qui se trouve dans le Code, l'interprète ne le pourrait qu'en faisant la loi, et il n'a pas ce droit. »

La règle qui suspend jusqu'à la délivrance demandée ou consentie la jouissance du légataire particulier reçoit exception au cas d'une volonté contraire du testateur. Cette faculté que notre Code reconnaît au *de cujus* suffirait, à défaut d'autre preuve, à démontrer qu'il n'y a rien de commun entre l'acquisition des fruits et la saisine. Si l'acquisition des fruits n'était qu'une conséquence de la saisine, comment comprendrait-on qu'on pût déroger à la conséquence sans déroger au principe ? Comment le testateur qui ne peut dispenser le légataire de la demande en délivrance pourrait-il disposer du droit aux fruits au détriment de l'héritier saisi ?

L'art. 1015 exige que la volonté du défunt ait été déclarée expressément ; mais il la présume lorsqu'une rente viagère ou une pension est léguée à titre d'aliments. Un legs d'aliments, en effet, suppose des besoins urgents, auxquels il est naturel de croire que le testateur a voulu subvenir immédiatement. Mais cette explication n'est pas celle qu'ont admise tous les

(1) *Principes*, t. XIV, p. 78.

auteurs : M. Coin-Delisle (1), notamment, en a proposé une autre entièrement différente. Il pose en principe que les arrérages d'une rente viagère ou d'une pension ne sont pas des fruits. Ce sont des legs annuels, semestriels ou trimestriels selon qu'ils sont payables par année ou par terme de six ou de trois mois. Or, d'après l'art. 1014, tout legs pur et simple confère au légataire un droit immédiat à la chose léguée ; d'où il suit que le légataire de toute pension et de toute rente viagère même non léguée à titre d'aliments a droit aux intérêts dès le jour du décès et avant sa demande en délivrance. Lors donc que le *de cujus* a exprimé que le legs de la rente viagère ou de la pension était fait à titre alimentaire, la loi ne peut pas en tirer cette conséquence que le légataire est dispensé de la demande en délivrance pour avoir droit aux arrérages : pour tous les legs de rente viagère ce résultat est de droit commun. Ce que l'art. 105 signifie, c'est que le légataire d'aliments est dispensé de former une demande à l'échéance de chaque terme pour faire produire des intérêts aux arrérages échus : par exception à l'art. 1155 qui prohibe l'anatocisme, ces intérêts courent de plein droit en sa faveur.

Cette théorie sur l'effet du legs d'une rente viagère conduit à la solution de la question de savoir si le légataire d'un usufruit a droit à la jouissance dès le décès du testateur, sans avoir besoin pour cela de demander la délivrance. Si l'usufruit n'est pas quelque chose de distinct de la perception des fruits, ceux-ci deviennent non pas des accessoires, mais des

(1) *Des Donations et Testaments*, p. 471.

éléments constitutifs de la chose léguée : et l'art. 1014, qui ne permet au légataire de prétendre aux intérêts qu'à partir de sa demande en délivrance, ne s'y applique pas. On invoque encore l'art. 585 qui porte que les fruits naturels et industriels pendants par branches ou par racines au moment où l'usufruit est ouvert appartiennent à l'usufruitier, et surtout l'art. 604, qui dispose que le retard de donner caution ne prive pas l'usufruitier des fruits auxquels il peut avoir droit, et qui ajoute : « Ils lui sont dus au moment où l'usufruit est ouvert. »

Avant de discuter au fond la doctrine de M. Coin-Delisle, nous croyons pouvoir écarter par une simple observation les deux derniers arguments sur lesquels il s'appuie. Ni l'art. 585 ni l'art. 604 n'ont trait à la question qui nous occupe. Le premier vise le point de savoir si l'usufruitier, quoique entré en possession avant la récolte, a droit de percevoir les fruits qui sont venus à maturité par les soins du défunt et non par des soins (1). Quant à l'art. 604, il a pour but de décider que l'usufruitier qui sera en retard de fournir caution sera néanmoins traité, quant à l'acquisition des fruits, comme l'usufruitier qui ne serait pas en retard ou qui ne devrait pas du tout de caution. La phrase *in fine* sur laquelle on insiste et d'où il résulte que les fruits sont dus à partir du jour où l'usufruit a été ouvert, se réfère uniquement à une règle générale. Cette règle, c'est que celui qui acquiert d'une manière quelconque la propriété d'une chose a droit aux produits de cette chose à partir du jour où il est

(1) C'est ce que remarquait Pothier à l'occasion d'une disposition analogue de la Coutume d'Orléans. (Intr. à la Cout., tit. 10, n° 95.)

devenu propriétaire. Mais, par dérogation à ce principe, le légataire particulier en pleine propriété n'a droit aux fruits que du jour de la délivrance ou du jour de la délivrance volontairement consentie : pourquoi donc en serait-il autrement du légataire en usufruit (1) ? C'est, dit-on, que l'usufruit aussi bien que la rente viagère ne constituent pas véritablement un droit distinct des arrérages. Déjà bien difficile à défendre dans notre ancien droit, une pareille doctrine nous paraît absolument insoutenable aujourd'hui, car elle est en contradiction formelle avec les textes du Code civil. L'art. 526 déclare expressément que l'usufruit est un droit immobilier, un démembrement de la propriété ayant une existence propre. L'art. 588 fait également de la rente viagère un être abstrait, qui ne se confond pas avec les revenus périodiques qu'elle produit. « L'usufruit d'une rente viagère donne à l'usufruitier pendant la durée de l'usufruit le droit d'en percevoir les arrérages sans être tenu à aucune restitution. » Cette disposition indique clairement que les arrérages d'une rente viagère ne sont pas la rente elle-même. L'art. 1015 ne peut donc être entendu qu'en ce sens que les produits auxquels donne lieu le droit à la rente ne courent au profit du légataire qu'à partir de la demande en délivrance, sauf le cas où le legs a été fait à titre d'aliments.

En dehors de cette hypothèse et de celle où le testateur a répudié par une manifestation de volonté la présomption de la loi, il ne saurait y avoir d'exception au principe que la jouissance est subordonnée pour le légataire à la délivrance demandée ou consentie. Ce-

(1) Dalloz, au mot *Disp. testam.*, n. 3848.

pendant, nous avons vu que, lorsqu'il y a legs de libération, la dette qu'il a pour objet et les intérêts qu'elle produit s'éteignent immédiatement, dès le jour de l'ouverture de la succession.

IV

OBLIGATION DES LÉGATAIRES.

Les dispositions testamentaires ne confèrent pas seulement des droits : elles entraînent aussi des obligations. Le droit à une quotité de succession implique l'obligation de supporter une quotité proportionnelle des dettes et des charges. Ce droit et cette obligation sont des conséquences corrélatives de tout titre successif universel (1). Les dettes grèvent tout le patrimoine, et non les objets individuels qui le composent ; les créanciers peuvent donc poursuivre tous ceux qui prennent une fraction du patrimoine ; mais ils n'ont aucune action contre ceux qui ne recueillent dans l'hérédité que des objets particuliers (2).

Ces principes conduisent à une grande distinction entre les légataires universels et à titre universel d'une part ; et, d'autre part, les légataires particuliers. Les légataires particuliers ne sont pas tenus des dettes et charges de la succession : les légataires universels et à titre universel, au contraire, sont obligés au passif en proportion de la part d'actif qu'ils recueillent. La raison de cette différence ne vient pas, comme on l'a quelquefois prétendu, d'une présomption légale de la volonté

(1) Cass., 13 août 1857 (Dalloz, 1851, I, 281).

(2) *Du Payement des dettes héréditaires*, par M. René Garraud, professeur à la Faculté de droit de Lyon, p. 2.

du *de cujus*. Il est vraisemblable, en effet, que le testateur, en faisant un legs particulier sans l'assujettir expressément à aucune charge, a voulu que le légataire obtînt tout entière la chose ou la valeur léguée. Mais s'il était exact que l'obligation imposée aux légataires de quotité ne résulte que d'une présomption, il faudrait en conclure que le disposant a le droit de soustraire ses successeurs universels et à titre universel au payement des dettes. Une pareille banqueroute est évidemment inadmissible ; elle est aussi contraire à l'équité qu'à cette règle élémentaire de droit : *Bona non intelliguntur nisi deducto ære alieno*. Les créanciers héréditaires auront donc le droit de poursuivre directement les appelés à une universalité ou fraction d'universalité, à la condition toutefois que les legs aient été délivrés : nous avons vu, en effet, que la délivrance rend seule possible l'exercice des actions actives et passives de la succession. Mais si le droit de poursuite des créanciers est incontestable, s'en suit-il qu'il soit nécessaire? En d'autres termes ne peuvent-ils pas laisser de côté les légataires et s'adresser exclusivement aux héritiers saisis, sauf à ceux-ci à recourir pour tout ce qu'ils auront payé au delà de leur part contributoire? L'affirmative n'était pas douteuse en droit coutumier. « Quoiqu'il y ait des donataires universels ou des légataires universels, dit Pothier, l'héritier ne laisse pas d'être tenu des dettes, pour le total s'il est héritier unique, ou pour la portion dont il est héritier pour partie, sauf son recours contre les donataires et légataires universels pour ce qu'ils en doivent porter (1). » Ce système de notre ancienne jurisprudence

(1) Pothier, *Des successions*, ch. v, tar. 3, §§ 1 et 2 ; — V. q. Lebrun, l. IV, ch. II, sect. I, n°s 3 et 5.

nous semble être resté celui des rédacteurs du Code. Rien, en effet, dans les discussions préparatoires n'indique l'intention d'innover : au contraire, Treilhard déclare au Corps législatif : « Le projet règle la proportion dans laquelle les cohéritiers et les successeurs universels contribuent entre eux au payement des dettes ; ils conservent au surplus les droits des créanciers sur tous les biens de la succession ; et *les règles proposées n'ayant rien d'ailleurs que de conforme à ce qui s'est pratiqué jusqu'à ce jour*, je dois me dispenser d'entrer dans une plus longue explication. » L'art. 873, sous la rubrique du Payement des dettes, dit également en parlant du droit de poursuite : « *Les héritiers* sont tenus des dettes et charges de la succession personnellement pour leur part et portion virile, et hypothécairement pour le tout : sauf leurs recours soit contre leurs cohéritiers, soit contre les *légataires universels*, à raison de la part pour laquelle ils doivent y contribuer. »

A ces arguments on oppose les art. 870 et 871, aux termes desquels les cohéritiers contribuent entre eux au payement des dettes et charges de la succession, chacun dans la proportion de ce qu'il y prend ; le légataire à titre universel contribue avec les héritiers au prorata de son émolument. Mais ces articles n'ont pas trait à la question qui nous occupe : ils règlent les rapports des successibles entre eux, et non pas ceux des successibles avec les créanciers ; ils concernent la contribution et non le payement des dettes. Un dernier texte enfin nous paraît décisif : l'art. 1220 pose le principe que les héritiers sont tenus de payer les dettes pour les parts dont ils sont saisis. Or ils ont la saisine de l'hérédité tout entière :

ils peuvent donc être poursuivis pour le tout. On comprend d'ailleurs que les créanciers connaissent les héritiers dont le titre est inscrit dans la loi ; mais le testament, comment le connaîtront-ils ? Comment se rendront-ils compte de la proportion d'après laquelle les légataires sont institués ? S'il existe un legs à titre universl de tous les immeubles, ou de tous les meubles, ou d'une quote-part des meubles et des immeubles, faudra-t-il donc attendre l'estimation de la succession pour déterminer l'obligation aux dettes?

Après avoir examiné la question de savoir si le droit de poursuite accordé aux créanciers contre les légataires est purement facultatif, il nous reste à nous demander quelle est l'étendue de ce droit. Sur ce point trois opinions se sont produites. D'après la première les légataires universels et à titre universel ne sont jamais tenus qu'*intra vires emolumenti*. Un second système soutient au contraire qu'ils sont toujours tenus *ultra vires*. Une dernière doctrine enfin distingue entre le légataire universel saisi et celui qui ne l'est pas : l'obligation indéfinie aux dettes est considérée comme étant un effet de la saisine. A l'appui de cette thèse on argumente de l'art. 724, aux termes duquel « les héritiers légitimes sont saisis de plein droit des biens, droits et actions du défunt, sous l'obligation d'acquitter toutes les charges de la succession », n'y a-t-il pas là, dit-on, une corrélation évidente entre la saisine et l'obligation *ultra vires* ? Pour nous, nous ne l'admettons pas, et nous ne voyons dans cette prétendue corrélation qu'une apparence spécieuse. L'art. 724 se borne à énoncer deux principes très généraux : 1° les héritiers légitimes sont saisis; 2° ils sont tenus d'acquitter toutes les charges. Mais chacune de ces règles est indépendante de l'autre, et le raisonnement : *post hoc, propter hoc*, n'est qu'une simple erreur de logique. La vérité, c'est que l'obligation *ultra vires* résulte de la continuation par l'héritier de la personne du défunt. La preuve, c'est qu'en droit romain, où la saisine était inconnue, les héritiers n'en étaient pas moins tenus de toutes les dettes héréditaires par application de la règle : *Heres sustinet personam defuncti*. La preuve encore, c'est que dans notre ancien droit les successeurs irréguliers, c'est-à-dire le roi et le seigneur, qui prenaient la succession par voie de confiscation, deshérence, bâtardise ou aubaine, et l'abbé qui succédait au pécule de son religieux n'étaient tenus des dettes qu'*intra vires ;* et cependant, ils étaient saisis. Les auteurs qui défendent la doctrine que nous combattons invoquent encore et sans plus de succès, croyons-nous, d'autres considérations. Lors, disent-ils, que les rédacteurs du Code accordèrent la saisine au légataire universel en l'absence de réservataires, ils voulurent par là l'assimiler à l'ancien institué du droit écrit. Nous répondrons que cette intention n'apparaît nulle part, et que la pensée des législateurs, telle qu'elle résulte des travaux préparatoires, est tout autre. S'ils se sont refusés à déférer dans tous les cas la saisine au légataire universel, c'est qu'ils ont tenu à protéger efficacement la réserve. Cette protection de la réserve n'a rien de commun avec l'obligation aux dettes : et c'est pourquoi il n'est pas vrai de dire que l'appelé testamentaire est tenu *ultra vires* lorsqu'il est saisi.

Nous voilà donc amenés à choisir entre les deux opinions absolues dont l'une voit dans le légataire un véritable héritier indéfiniment obligé, tandis que l'autre le considère comme un simple successeur aux biens qui n'est tenu que jusqu'à concurrence de l'actif recueilli. Avant d'aborder la controverse, il est avant tout nécessaire d'en bien indiquer l'intérêt. Si le légataire se trouve dans la même situation qu'un héritier, il en résulte que, pour échapper au danger d'une acceptation pure et simple, il doit faire au tribunal du lieu de l'ouverture de la succession une déclaration d'acceptation sous bénéfice d'inventaire, et observer toutes les règles prescrites en pareil cas. Dans le système contraire, la déclaration d'acceptation bénéficiaire est inutile, et, pourvu que l'appelé justifie par un inventaire de la consistance de l'actif, il ne peut être poursuivi qu'*intra vires*. Ainsi, comme le remarque M. Colmet de Santere(1), en pratique l'intérêt de la question n'est pas la nécessité ou l'inutilité de l'inventaire, mais la nécessité ou l'inutilité de la déclaration au greffe. Cet intérêt n'est, du reste, ni le seul ni le plus important ; on peut en signaler deux autres : 1° l'art. 32 de la loi du 22 Frimaire an VII est ainsi conçu : « Les droits des déclarations de mutations par décès seront payés par les héritiers, donataires ou légataires. Les cohéritiers seront solidaires. » On aperçoit à la lecture de cette disposition que l'action accordée à l'administration de l'enregistrement pour le recouvrement des droits de mutation est différemment organisée contre les héritiers et contre les autres légataires du défunt. Les héritiers sont tenus solidairement, c'est-à-dire que chacun d'eux n'est pas seulement obligé d'acquitter les droits

(1) T. IV, p. 321.

in solidum comme s'il était héritier unique ; il doit encore les droits encourus par ses cohéritiers en raison de la parenté de ceux-ci avec le défunt (1). Au contraire, quant aux autres successeurs, chacun n'est tenu de l'impôt qu'en proportion de ce qu'il prend dans les biens du défunt. Cette différence explique qu'il importe de savoir si l'on doit ou non traiter le légataire universel ou à titre universel comme un héritier (2). 2° Les auteurs qui admettent que l'appelé testamentaire est tenu *ultra vires* en concluent que les créanciers n'auront action contre l'héritier proprement dit (après qu'il aura consenti la délivrance) que dans les limites de la quote-part à laquelle le réduit le concours du légataire et non pas proportionnellement à ce que la vocation de la loi l'appelait à recueillir : sa part dans les dettes se trouvera diminuée de plein droit comme elle le serait par l'accession d'un cohéritier.

Nulle part la loi ne s'explique nettement sur l'une ou l'autre de ces conséquences. Lorsqu'il s'agit des légataires, elle garde un silence absolu sur le bénéfice d'inventaire, et quant au payement des dettes, nul ne saurait prétendre que les art. 1009 et 1012 soient par eux-mêmes entièrement décisifs. Il faut donc,

(1) Soit, par exemple, un ascendant en concours avec un collatéral du cinquième degré, cet ascendant sera tenu non pas seulement du droit de 1 p. 100 sur le tout, mais bien du droit de 1 p. 100 sur sa part et de 8 p. 100 sur celle de son cohéritier. (Demante, *Principes de l'enregistrement*, t. II, n° 660.)

(2) On a soutenu que cette question de droit fiscal ne se rattache pas à la controverse qui nous occupe ; et c'est ainsi qu'on a voulu trouver une solution dans l'art. 1016 conçu, il est vrai, dans un tout autre esprit que l'art. 32 de la loi de Frimaire. Mais il est facile de répondre que cet art. 1016 ne s'applique qu'aux légataires particuliers.

pour reconnaître l'intention du législateur, rechercher les précédents et les principes.

Et d'abord, le seul but raisonnable que puisse se proposer un testateur en disposant de son patrimoine, c'est de faire une libéralité. On comprend qu'il ignore quel est, d'une manière précise, l'état de ses affaires, quelle est exactement sa situation active et passive : en léguant l'universalité ou une quotité de ce qu'il possède, il ne sait pas au juste ce qu'il donne ; mais ce qui n'est pas douteux, c'est qu'il veut donner. La pensée de l'appelé qui accepte un legs n'est pas moins claire : il veut faire un bénéfice ; *certat de lucro captando*. « S'il consent à recueillir les biens du défunt(1), ce n'est pas sans doute la perspective des charges qui le détermine, mais l'espoir de devenir propriétaire ou créancier. Son but est de s'enrichir et non de perdre ; d'acquérir et non d'aliéner ou de s'imposer une charge. »

Et il n'est pas seulement vrai de dire que dans la pensée du légataire et du déposant le legs n'implique pas obligation indéfinie aux dettes héréditaires. Alors même que le testateur aurait la volonté arrêtée de grever le légataire au delà de son émolument, cette volonté serait insuffisante à produire un effet juridique. Les charges qu'on peut imposer à une donation ont pour mesure et pour limite les avantages qui constituent la donation elle-même ; elles s'expliquent par cette idée que la possibilité de ne rien donner suppose celle de donner sous conditions. C'est le principe que posait le droit romain à propos des fidéicommis ; « *Observandum est, ne plus quisquam rogetur alicui res-*

(1) Berriat-Saint-Prix, *Revue critique*, 1852, p. 169.

tituere, quam ipse ex testamento ceperit; nam quod amplius est inutiliter relinquitur (1). » Nul, en effet, ne peut obliger un tiers malgré lui. Mais ce qui est impossible à la volonté de l'homme peut être consacré par l'arbitraire du législateur. Celui-ci, en fait, peut subordonner l'acquisition du droit successoral à l'acquittement intégral des dettes. Tel est le résultat auquel conduit la théorie artificielle qui fait de l'héritier le continuateur, le représentant de la personne du défunt. Cette fiction repose sur une distinction entre la personne physique qui disparaît avec la vie, et la personne morale qui peut lui survivre puisqu'elle est une conception de la loi. A l'origine de la législation romaine la propriété appartenait collectivement à la famille ; le *paterfamilias* n'était qu'un administrateur armé de pouvoirs très étendus ; sa personnalité était véritablement distincte de celle de la société dont il était le chef. On pouvait donc aisément admettre que sa mort n'amenât pas l'extinction de droits et d'obligations qui n'avaient qu'une apparence d'individualité. L'association familiale se continuait sous une nouvelle gérance, et le principe : *heres sustinet personam defuncti* semblait presque logique. Mais ce principe devint absolument irrationnel lorsque la famille perdit sa personnalité et la propriété son caractère collectif. Nous n'hésitons pas à croire que le législateur outrepasse ses droits et viole la loi naturelle lorsqu'il impose à l'héritier la responsabilité personnelle et indéfinie d'engagements contractés par un autre. Et cependant on peut encore reconnaître entre des parents une certaine solidarité. On peut dire, par exem-

(1) Dig., fr. 1, § 17, *Ad Senat. C. Trebellianum.*

ple, que les enfants ne sont pas étrangers aux dettes contractées par leur père. Jusqu'à quel degré de parenté s'étend cette solidarité, c'est ce qu'il est impossible de déterminer *a priori :* cela dépend de l'état social, de l'organisation de la famille, de circonstances de fait. En la présumant entre tous les héritiers légitimes, nous croyons que notre loi va trop loin et qu'elle ne concorde pas avec nos mœurs. L'abus serait infiniment plus grave si on appliquait aux successeurs testamentaires des dispositions déjà très rigoureuses, pour les successions ab intestat.

A Rome, il est vrai, et dans notre ancien droit écrit, tout héritier, quel que fût son titre, continuait la personne du défunt. Mais il en était tout autrement dans les pays de coutumes, où il n'y avait d'héritiers, de continuateurs de la personne, que ceux qui étaient appelés ab intestat : quant à ceux qui ne tenaient leurs droits que de la volonté du *de cujus*, on leur appliquait les deux règles : *Institution d'héritier n'a lieu ; Deus solus heredes facit.* En conséquence, ils n'étaient que de simples successeurs obligés comme « *biens tenants* ». « Les donataires et légataires universels, dit Bacquet dans son *Traité des droits de justice* (1), sont tenus de contribuer aux dettes du défunt jusques à la concurrence de ce qu'ils ont amendé, à cause de leurs donations et legs testamentaires, et non plus avant, ainsi qu'il a esté dit des hauts justiciers, d'autant qu'ils ne sont pas héritiers. Aussi en eux n'y a aucune confusion de patrimoine, ni de dettes, non plus qu'en un héritier par bénéfice d'inventaire. Et les créanciers du défunt, pour le paiement de leurs dettes, ne peu-

(1) Ch. XXI, p. 237.

vent faire saisir sinon les biens qui ont esté donnés ou légués auxdits donataires ou légataires universels, non pas les biens qui d'ailleurs leur appartiennent; comme il a été jugé pour M. de Guise, légataire universel de feu M. le cardinal de Lorraine. » A la même époque, dans ses *Institutes coutumières* (1), Coquille écrivait : « Quand le legs est d'université ou de quote part d'icelle université, le légataire est sujet aux dettes du défunt *pro rata* des biens qu'il prend. C'est-à-dire qu'il ne prend sinon la portion de ce qui reste après que les dettes ont été prises et écumées sur toutes sortes de biens. Celui qui est légataire de tout un patrimoine ou de quote-portion, doit sa part des dettes selon et à raison de l'émolument qu'il prend. » Pothier, deux siècles après, ne s'exprimait pas autrement (2) : « A l'égard des donataires et légataires universels, toutes ces personnes ne sont tenues des dettes que jusqu'à concurrence des biens auxquels ils succèdent; ils peuvent, en les abandonnant, se décharger des dettes. La raison est que toutes ces personnes ne succèdent point à la personne du défunt, mais seulement à ses biens; ils ne sont tenus des dettes que parce qu'elles sont une charge des biens. » Enfin, Merlin n'est pas moins explicite (3) : « Le légataire universel ne représente point la personne du testateur; ce n'est qu'un simple successeur de biens, et il n'est sujet au payement de ses dettes qu'à raison des choses qu'il en a reçues. »

Les rédacteurs du Code ont-ils entendu s'écarter de ces principes du droit coutumier? Nous ne le croyons pas. Avant tout, il est à remarquer qu'ils ont préféré

(1) *Des test.*, p. 97.
(2) *Traité des success.*, ch. v, art. 3, § 1.
(3) *Répert. légat.*, § 6, art. 1, XIII.

à l'expression d'héritier institué celle de légataire universel ou à titre universel. Sans doute l'art. 1002 permet au testateur de s'exprimer comme il l'entendra, mais en cela il n'introduit aucune innovation, car la Coutume de Paris disait déjà (art. 299). « Institution d'héritier n'a lieu, c'est-à-dire qu'elle n'est requise et nécessaire pour la validité du testament ; mais ne laisse de valoir la disposition jusqu'à la quantité des biens dont le testateur peut valablement disposer. » Il est donc impossible d'induire de l'art. 1002 que le légataire a été assimilé à l'héritier institué des pays de droit écrit : il serait bien plus vrai de dire au contraire que c'est l'héritier institué qui a été assimilé au légataire. C'est là ce que déclarent expressément les observations du Tribunat : « Il est à propos de laisser subsister la dénomination d'institution d'héritier, qui est en si grand usage... Mais en même temps il est convenable d'annoncer bien précisément qu'il n'y aura désormais aucune différence entre la dénomination d'héritier et celle de légataire, et que tous les effets particuliers attachés par les lois romaines au titre d'héritier sont entièrement détruits (1). »

Un autre article nous paraît plus décisif encore que l'art. 1002 : l'art. 1220, dans lequel se trouve nettement indiqué le principe de l'obligation indéfinie aux dettes, à savoir la représentation et la continuation de la personne du défunt, n'attribue cette qualité qu'*à l'héritier*. L'origine de la disposition empruntée à un passage de Pothier (2) démontre surabondamment que cette expression *héritier* désigne l'héritier légitime à l'exclusion du successeur testamentaire.

(1) Fenet, t. XII, p. 459.

(2) Pothier, *Traité des obligations*, n° 299.

L'art. 873 est conçu dans le même sens; en décidant que les héritiers sont tenus des dettes à l'égard des créanciers, dans la proportion de leur part héréditaire, il n'entend également parler que des héritiers proprement dits, et non pas des légataires universels, puisque, dans sa seconde partie, il distingue, en ce qui concerne le recours, les cohéritiers des légataires.

A cette argumentation, les partisans de l'obligation *ultra vires* opposent les art. 1009 et 1012 : « Le légataire universel, qui sera en concours avec un héritier auquel la loi réserve une quotité des biens sera tenu des dettes et charges de la succession du testateur *personnellement* pour sa part et portion, et hypothécairement pour le tout. — Le légataire à titre universel sera tenu comme le légataire universel des dettes et charges de la succession du testateur *personnellement* pour sa part et portion, et hypothécairement pour le tout. » Le légataire est tenu *personnellement*: c'est, dit-on, l'expression qu'emploie l'art. 873 pour caractériser l'obligation de l'héritier : c'est le mot technique lorsqu'il s'agit de désigner non pas une personne tenue *propter rem*, mais le débiteur engagé lui-même dans les liens de l'obligation. Quiconque s'est engagé *peronnellement*, dit l'art. 2092, est tenu de remplir son engagement sur tous ses biens mobiliers et immobiliers, présents et à venir. — Le vice de ce raisonnement, qui s'appuie tout entier sur un mot, c'est qu'il confond le caractère et l'étendue de l'obligation du légataire. Il est bien vrai que celui-ci est tenu personnellement sur tous ses biens. Mais de quoi est-il tenu ? L'art. 1009 et l'art. 1012 ne le disent pas. Quel est en effet l'objet de ces articles? C'est de distinguer au point de vue du droit de poursuite entre les créanciers hypothécaires et les créanciers chirographaires. Les premiers ont une action indivisible : l'immeuble hypothéqué, en quelque main qu'il soit, garantit leurs créances pour le tout. Les autres, au contraire, ont une action, purement personnelle proportionnelle à la part héréditaire recueillie : cette action est très ancienne, et Pothier, dont la doctrine n'est pas douteuse, la leur reconnaissait déjà à l'encontre des légataires. « Le légataire universel ou d'une quotité de biens (1) s'oblige, en acceptant le legs, à l'acquittement des dettes ou de la part des dettes dont est chargée la part de biens qui lui est léguée. Il contracte cette obligation envers l'héritier qu'il est obligé d'indemniser des dettes, il la contracte aussi *celeritate conjungendarum actionum* envers les créanciers. Au reste, il n'est tenu que jusqu'à concurrence des biens. » Il n'est donc pas exact de dire que toute obligation personnelle est une obligation *ultra vires* : c'est ainsi que la femme commune en biens est tenue personnellement des dettes de la communauté quoiqu'elle ne puisse être poursuivie que jusqu'à concurrence de son émolument, si elle a pris soin de faire inventaire. Quant à l'argument d'analogie qui consiste à dire que l'art. 873 n'est pas rédigé autrement que les art. 1009 et 1012, il repose sur cette erreur que c'est dans cet art. 873 que se trouve pour les héritiers l'obligation de payer sur leur propre patrimoine toutes les charges de la succession. On comprendrait, en effet, s'il en était ainsi, qu'on pût de l'identité des dispositions conclure à l'assimilation des légataires aux héritiers. Mais il est facile de répondre

(1) Introduction au tit. 16 de la Cout. d'Orléans, n° 120.

que ce n'est pas du tout dans cet article qu'est écrite l'obligation de l'héritier aux dettes *ultra vires ;* car il ne règle qu'une simple question de contribution, et sa disposition est applicable aussi bien à l'héritier bénéficiaire qu'à l'héritier pur et simple. C'est de l'art. 724 et *a contrario* de l'art. 802 que résultent pour les héritiers l'obligation d'acquitter toutes les charges de la succession. Si cette obligation existe aussi pour les légataires, comment expliquer que la loi n'ait pas organisé à leur profit un règlement spécial du bénéfice d'inventaire? Si le législateur avait voulu que les règles de l'acceptation bénéficiaire fussent communes à tous les successeurs ab intestat ou testamentaires, il aurait fait quelques distinctions, notamment quant aux délais. On ne conçoit guère, en effet, que le jour du décès, qui est un point de départ acceptable quand il s'agit d'un héritier, le soit aussi quand il s'agit d'un testament qui ne sera peut-être découvert que longtemps après l'ouverture de la succession.

Toutes ces raisons nous paraissent absolument concluantes, et malgré l'autorité d'une jurisprudence unanime qui sanctionne aujourd'hui l'opinion contraire, nous n'hésitons pas à croire que les légataires d'universalité ou de quotité ne sont que de simples successeurs aux biens, qu'ils ne sont tenus de supporter les dettes héréditaires que par voie de déduction, et qu'ils sont à l'abri de toute poursuite lorsque l'actif est absorbé (1).

(1) Dans l'examen de cette controverse sur l'étendue de l'obligation aux dettes des légataires, nous n'avons tiré aucun argument de l'art. 871 aux termes duquel ils contribuent au payement des dettes et charges *au prorata de leur émolument.* On a soutenu parfois que ces expressions *au prorata de leur émolument* étaient la traduction des mots *intra vires*, mais nous ne pouvons accepter cette interprétation. Émolument ne signifie pas en effet profit net,

Les règles que nous venons de poser à propos du payement des dettes ne s'appliquent pas absolument à l'acquittement des legs : ceux-ci cependant sont considérés comme une charge du patrimoine tout entier, et tous les successeurs qui à un titre quelconque sont appelés à recueillir l'universalité ou une quote-part de l'hérédité sont tenus dans la même proportion de la prestation des legs. Toutefois les dispositions testamentaires ne sont jamais acquittées que sur l'actif net de la succession, sur ce qui reste des biens lorsque les dettes en ont été déduites. *Nemo liberalis nisi liberatus.* « Les créanciers, dit Bourgon (1), doivent être payés avant les légataires ; leur concours pour le payement serait une iniquité, parce que le testateur disposerait du bien d'autrui, ce qu'on ne peut proposer. Ainsi le privilège des premiers contre les seconds est une règle inviolable, *sicut legata non debentur, nisi deducto ære alieno aliquid supersit* (Loi 66, § 1, D., *ad legem Falc.*). » Si cet excédent ne suffit pas pour acquitter tous les legs, ils sont soumis à une réduction proportionnelle : les légataires universels ou à titre universel et les héritiers eux-mêmes ne sont jamais tenus de les acquitter sur leurs propres biens. Telle était la tradition constante de nos pays de coutumes ; tel fut aussi longtemps le système de la législation romaine, dans laquelle l'héritier était non seulement certain de ne rien perdre, mais encore assuré d'un bénéfice, grâce à la quarte Falcidie. Ce fut Justinien qui, après l'établissement du bénéfice d'inven-

mais part pour laquelle on est appelé. L'article veut donc dire que le légataire a dans les dettes et charges de la succession une part proportionnelle à celle qu'il prend dans l'actif.

(1) *Droit commun de la France*, IVe part., ch. II, sect. II.

taire, édicta dans un cas l'obligation pour l'institué de payer les legs *ultra vires*. Il imposait cette charge à celui qui n'avait pas voulu faire inventaire. « Si vero non fecerit inventarium secundum hanc figuram sicut prædiximus, non retinebit Falcidiam ; sed complebit legatarios et fideicommissarios licet puræ substantiæ morientis transcendat mensuram legatorum datio (1). » Cette solution, si contraire aux vrais principes, ne paraît pas même être passée dans la pratique de nos pays de droit écrit, puisque Furgole, dans son *Traité des testaments* (2), se rallie à la doctrine des anciens jurisconsultes de l'époque classique, notamment à celle de Julien (3) : « Cum legata ex testamento ejus, qui solvendo non fuit, omnimodo inutilia sint, possunt videri etiam donationes mortis causâ factæ rescindi debere : quia legatorum instar obtinent. » Pour être amené à penser que les rédacteurs du Code ont entendu innover et rejeter ce qui était universellement admis, il faudrait des textes formels. On a cru les trouver dans les art. 724 et 783. L'art. 724 déclare l'héritier obligé d'acquitter toutes les *charges* de la succession. Le mot charge comprend, dit-on, les legs aussi bien que, les dettes. Tel n'est pas, quant à nous le sens que nous attachons à cette expression : elle se réfère exclusivement à ce passif qui prend naissance après la mort du *de cujus*, droits de mutations, frais funéraires, de scellés, d'inventaire..., etc. Ce qui le prouve, c'est que dans l'art. 1009 la loi oppose précisément les charges aux legs. Quant à l'art. 783 dont on argumente également, c'est celui

(1) Novelle, I, ch. II, § 2, L. 22 au Code *De jure deliberandi*.
(2) Ch. X, sect. III, n° 106.
(3) L. 17, *De mortis causa donationibus*.

qui autorise la rescision de l'acceptation d'une hérédité pour cause de lésion, dans le cas où cette succession se trouverait absorbée ou diminuée de plus de moitié par la découverte d'un testament inconnu au moment de l'acceptation. On prétend que cette rescision de l'acceptation fondée sur la découverte d'un testament inconnu n'est qu'un moyen pour l'héritier de se soustraire au payement des legs contenus dans le testament. Ainsi entendue, la disposition de la loi supposerait que l'acceptation pure et simple oblige au payement des legs *ultra vires*. Sans entrer dans un débat étranger à notre question, nous dirons seulement que la véritable explication de l'art. 783 nous paraît tout autre. Il n'eût pas été nécessaire en effet de faire rescinder l'acceptation du successible à l'égard des créanciers, si l'intention de la loi eût été simplement de le garantir de l'obligation indéfinie aux legs. Indépendamment de cette obligation, il est des hypothèses où la découverte d'un testament fait éprouver à l'héritier une véritable lésion. C'est d'abord le cas où, après avoir payé *intra vires* les legs révélés par le testament découvert, l'acceptant se trouve actionné par des créanciers qui ne s'étaient pas fait connaître immédiatement : obligé de payer ces dettes nouvelles, qui dépassent l'actif héréditaire, il n'aura contre les légataires qu'un recours qui peut se trouver illusoire si ceux-ci sont insolvables. Un autre cas serait celui où l'héritier soumis par son acceptation à un rapport qu'il pouvait éviter en renonçant, se verrait par suite de la découverte du testament réduit à une part moindre que celle de l'objet rapporté. Ainsi expliqué, l'art. 783 se trouve avoir une portée entièrement différente de celle que lui attribuent les auteurs dont nous repoussons la doctrine. Si l'on se reporte en outre à l'art. 893 qui permet de disposer par testament de ses biens, mais qui n'autorise aucunement un testateur à disposer des biens de ses successeurs, si l'on ajoute enfin que l'art. 802 donne au bénéfice d'inventaire l'effet de soustraire l'acceptant pur et simple à l'obligation indéfinie aux dettes et ne parle pas des legs, on arrivera aisément à cette conclusion que l'héritier et *a fortiori* le légataire universel ou à titre universel ne sont tenus des legs qu'*intra vires*.

Un autre principe essentiel, lorsqu'il s'agit de l'exécution des dispositions testamentaires, c'est que l'acquittement des legs particuliers ne peut jamais avoir pour effet de diminuer la réserve que la loi accorde aux descendants et aux ascendants du testateur. Les héritiers à réserve, qui ne peuvent pas se prévaloir de leur qualité pour se dispenser de payer les dettes de leur auteur, peuvent, au contraire, l'opposer aux légataires à l'effet de conserver intacte la portion de la succession frappée d'indisponibilité en leur faveur. « Comme ils ne tiennent rien du défunt, dit Pothier (1), le défunt ne peut rien leur ôter. »

Aux termes de l'art. 1017, lorsqu'il n'y a dans une succession que des héritiers légitimes, ils sont tenus d'acquitter le legs au prorata de la part et portion qu'ils recueillent : en d'autres termes, l'obligation aux legs se divise entre eux comme celle au payement des dettes. Par analogie, nous pouvons dire qu'il en serait de même s'il n'y avait que des légataires universels. *Quid* si ceux-ci venaient en concours avec des réservataires ? La réponse à cette question se trouve

(1) *Donations testam.*, ch. III, sect. III.

dans l'art. 1009 : « Le légataire universel, qui sera en concours avec un héritier auquel la loi réserve une quotité de biens, sera tenu d'acquitter tous les legs, sauf le cas de réduction, ainsi qu'il est expliqué aux art. 926 et 927. » Cette disposition semble de prime abord contradictoire. Elle paraît en effet poser une règle et y apporter une exception qui la détruit complètement. La règle, c'est que le légataire universel en concours avec un réservataire paye tous les legs ; l'exception, c'est le cas de réduction « expliqué aux art. 926 et 927. » Le premier des articles auxquels on renvoie décide que, quand les valeurs léguées excéderont soit la quotité disponible, soit la portion de cette quotité qui resterait après avoir déduit les donations entre vifs, la reduction sera faite au marc le franc, sans aucune distinction entre les legs universels et les legs particuliers. L'art. 927 ajoute que néanmoins, dans tous les cas où le testateur aurait expressément déclaré qu'il entend que tel legs soit acquitté de préférence aux autres, cette préférence aura lieu ; et que le legs qui en sera l'objet ne sera réduit qu'autant que la valeur des autres ne remplirait pas la réserve légale. — Or un légataire universel, par cela même qu'il se trouve en concours avec un réservataire, subit nécessairement une réduction, car la réserve ne peut se prendre que sur l'universalité qui lui a été léguée. Comment donc la loi peut-elle dire que ce légataire est tenu d'acquitter tous les legs, sauf dans le cas unique et exceptionnel où il est réduit, puisque l'hypothèse qu'elle suppose implique forcément cette réduction ? La solution de cette difficulté a donné lieu à plusieurs systèmes.

Une première opinion proposée par M. Demante

explique la rédaction de l'art. 1009 en disant qu'un légataire universel n'est pas réduit par le seul fait qu'il vient en concours avec un héritier à réserve. Si l'on reconnaît, en effet, qu'un legs du disponible peut être un legs universel, n'est-il pas vrai que celui auquel il a été fait, bien que rencontrant des réservataires, n'est pas réduit, car il obtient tout ce qui lui avait été légué? Donc, il ne pourra pas faire subir de réduction aux autres légataires. Mais, au contraire, quand un légataire à qui le défunt avait voulu laisser purement et simplement l'universalité des biens sera réduit par les héritiers à réserve à la mesure disponible, ce sera le cas de réduction prévu par la disposition finale de l'art. 1009, et c'est alors qu'il faudra appliquer l'art. 926 (1).

L'objection qu'on oppose le plus généralement à cette ingénieuse doctrine se réfère à la nature du legs de la quotité disponible. Ce legs, prétend-on, n'est pas universel. Nous n'avons pas à revenir sur cette controverse que nous avons examinée déjà au début de cette dissertation : il nous suffira de rappeler que la question nous a paru avant tout une question d'intention. Nous admettons parfaitement que le testateur a pu, en léguant tout ce dont il pouvait disposer, entendre faire un legs universel et conférer à l'appelé une aptitude éventuelle au tout. Mais précisément ce droit éventuel au tout se trouve restreint lorsqu'il y a des réservataires : et leur présence implique pour le légataire du disponible aussi bien que pour un autre légataire universel une véritable réduction. L'opinion opposée conduit d'ailleurs à des résultats manifeste-

(1) Demante, t. IV, p. 154.

ment contraires à l'intention du législateur. Supposons que le testateur ait fait un legs à titre universel de moitié, un legs du disponible, et qu'il ait laissé un descendant. Les auteurs qui soutiennent que le légataire du disponible n'est pas réduit devront en conclure que dans notre espèce il ne gardera rien de la succession. Le descendant prendra une moitié comme réservataire et délivrera l'autre au légataire à titre universel. N'est-ce pas là une solution étrange ? Est-il juridiquement admissible que celui dont le *de cujus* a fait son légataire universel ne tire aucun avantage de la disposition, tandis que celui dont il a fait un légataire à titre universel recueille un émolument considérable. Si le légataire du disponible n'avait droit qu'à une quotité, il viendrait au marc le franc avec le légataire à titre universel ; mais, comme il est appelé au tout, il n'aura rien ! En admettant même, sans la discuter, cette hypothèse d'un legs universel qui ne subit aucune réduction malgré la présence d'héritiers à réserve, elle ne serait jamais qu'une exception ; aussi ne suffirait-elle pas à écarter la difficulté soulevée par l'art. 1009. Pour que cette difficulté fût résolue, il faudrait que la non-réduction fût la règle.

Deux autres explications ont été données, qui nous paraissent plus plausibles, quoiqu'elles ne laissent pas l'une et l'autre d'être quelque peu hypothétiques. Le but de la loi, dit l'une (1), a été de rompre avec les traditions d'une retenue au profit du légataire universel : c'est pour cela qu'elle le déclare « *tenu d'acquitter tous les legs.* » Ces expressions ne visent pas une dérogation aux principes généraux de la réduction :

(1) Bertauld, *Questions de C. Napoléon*, t. I, p. 288 ; — *quoque*, Laurent, *Principes*, t. XIV, p. 116.

elles indiquent seulement que le légataire d'universalité grevé de legs particuliers ne pourra plus garder la *quarte* Falcidie à laquelle avait droit l'héritier testamentaire dans les pays de droit écrit. — Cette interprétation peut parfaitement se défendre, et nous serions assez porté à l'admettre s'il ne nous semblait que la dernière doctrine dont nous avons à parler n'eût au même titre sa raison d'être. D'après cette doctrine, lorsque l'art. 1009 oblige le légataire universel à acquitter *tous* les legs, le mot *tous* n'a pas le sens d'*intégralement*. Le législateur ne l'a employé que parce qu'il voulait opposer le payement des legs à celui des dettes. Le légataire universel doit payer celles-ci pour une fraction : « Il sera tenu personnellement pour sa part et portion et hypothécairement pour le tout. » Quant aux legs, ils restent à sa charge exclusive ; « il doit les acquitter tous, » mais, dans quelle mesure? C'est à cette question que répond précisément la disposition *in fine*, qui renvoie aux art. 926 et 927.

Les deux systèmes que nous venons d'examiner sont galement ingénieux : cependant ils ne nous satisfont pas complètement. Ce sont, en effet, de simples conjectures, essentiellement subjectives ; et rationnellement, rien ne démontre qu'elles sont fondées. Pour nous, les dispositions de l'art. 1009 restent contradictoires, et c'est faire un effort inutile que de chercher à les concilier. Nous croyons plutôt que les mots qui font l'objet de la difficulté ne se trouvent dans la loi que par suite d'une inadvertance de rédaction. L'art. 98 du projet primitif, correspondant à notre art. 1009, était ainsi conçu : « Lorsqu'il y a un légataire universel de la totalité de la portion disponible, c'est à lui seul à payer tous les legs à titre particulier, *jusqu'à concurrence seulement des trois quarts de la valeur de cette portion, sauf l'exception portée en l'art.* 31. » Dans cet art. 31, l'exception dont il s'agit était nettement indiquée. « Dans tous les cas où le donateur aura expressément déclaré qu'il entend que tel legs soit acquitté de préférence aux autres, cette préférence aura lieu *même au préjudice du quart réservé par l'art. précédent au légataire à titre universel.* » De telles dispositions concordaient parfaitement et se comprenaient sans difficulté. Mais, au cours de la discussion, ce prélèvement du quart par le successeur universel au détriment des légataires particuliers fut attaqué et succomba. Il fallait dès lors supprimer l'exception que l'art. 31 apportait au droit de retenir la quarte; et c'est ce qui a été fait : il fallait aussi effacer toute la fin de l'art. 98 depuis les mots : « *jusqu'à concurrence* ». Le conseiller chargé de rectifier la rédaction raya ces mots : « *Jusqu'à concurrence seulement des trois quarts de la valeur de cette portion* (*disponible*) » ; mais par irréflexion il laissa subsister la fin de la phrase : « *sauf l'exception portée en l'art.* 31. » Or comme cette disposition ne se rapportait pas au commencement de l'article, et dérogeait uniquement au droit de retenir la quarte, qui avait disparu, elle resta dans le projet définitif, absolument dénuée de sens. Bigot-Préameneu, chargé de soumettre ce projet à l'approbation de ses collègues, fut évidemment embarrassé par l'art. 98 dont la restriction finale « *sauf l'exception portée en l'art.* 31 » lui parut inexplicable. Naturellement il fut porté à croire à une erreur de renvoi, et ce qui semble l'avoir confirmé dans cette idée, c'est que dans le projet primitif, l'art. 31 ne faisait qu'un avec l'art. 30. Voyant que dans l'art. 30 on parlait de réduction, Bigot-Préameneu pensa couper court à toute difficulté en écrivant : « *sauf le cas de réduction ainsi qu'il est expliqué aux articles* 30 *et* 31 (926 et 927). » C'est à cette correction malheureuse que nous croyons pouvoir attribuer la difficulté que l'art. 1009 a suscitée.

Une autre question qui s'élève à l'occasion du même article est celle de savoir s'il est applicable au légataire universel en concours avec un donataire par contrat de mariage. En d'autres termes, lorsque le légataire universel se trouve en présence, non plus d'un héritier à réserve, mais d'une personne instituée contractuellement pour la totalité ou pour une quote-part de la succession, doit-il acquitter intégralement tous les legs particuliers, ou bien a-t-il la faculté de leur faire subir une réduction proportionnelle ? Cette faculté lui est refusée par la jurisprudence (1), qui se fonde sur cet argument que l'obligation pour le légataire universel de payer tous les legs étant la règle, il n'est pas possible d'étendre une exception qui n'est établie que pour le cas où il existe un réservataire. Cette solution, qui paraît d'abord conforme à la lettre de la loi, est cependant contestable. Les textes, en effet, sont ici hors de cause, car aucun d'eux n'a prévu même implicitement l'hypothèse sur laquelle il s'agit de statuer. Les règles que le Code a posées se réfèrent : l'une au cas où il existe un réservataire et des légataires particuliers, l'autre au cas où il n'y a absolument que des légataires particuliers avec le légataire universel. Aussi faut-il se demander si c'est à un légataire ou à un réservataire que doit être assimilé l'institué contractuel. D'une part

(1) Aix, 16 juill. 1870 (Sirey, 1872, II, 103).

il peut sembler que sous certains rapports le droit de l'institué ressemble à celui du légataire : il est, en effet, subordonné à la condition de survie, et n'a aucune efficacité du vivant du testateur. En revanche, ce droit est protégé dès l'époque du contrat contre les libéralités postérieures que voudrait faire le donateur : si l'instituant a disposé entre vifs d'une partie de ses biens au mépris de l'institution contractuelle, l'action en restitution accordée au donataire est régie en général par les mêmes principes que l'action en réduction compétant à l'héritier réservataire. Nous croyons donc, comme le disent MM. Aubry et Rau (1), que l'institution contractuelle aussi bien que la réserve a pour effet de rendre indisponible la quote-part qui en forme l'objet et de créer ainsi entre l'institué, le légataire universel et le légataire particulier, des rapports identiques à ceux qu'engendre la réserve et dont il est question dans l'art. 1009.

Le règlement de l'obligation aux dettes est le même pour le légataire universel et le légataire à titre universel : il en est autrement du payement des legs. Les légataires à titre universel ne sont jamais tenus des legs que pour partie, car ils ne prennent qu'une fraction de l'hérédité : en outre, ils peuvent se trouver en présence d'héritiers non réservataires, que l'existence d'un légataire universel suffirait à exclure. Nous aurons donc à distinguer trois cas : 1° concours du légataire à titre universel avec des héritiers non réservataires ; 2° concours avec un héritier à réserve, réduit à la portion indisponible ; 3° concours avec un réservataire appelé à recueillir une fraction supérieure à la réserve.

(1) T. VII, p. 497, note 3.

Dans le premier cas, la charge des legs particuliers est supportée par l'héritier et le légataire à titre universel au *prorata* de l'émolument de chacun d'eux dans la succession : c'est ce qui résulte des art. 1012 et 1017. Dans le second cas, le légataire à titre universel ayant tout le disponible doit acquitter tous les legs : en effet, si l'héritier était tenu d'y contribuer, sa réserve serait atteinte. Toutefois l'obligation du légataire pourrait être diminuée par suite de l'application des principes sur la réduction (1). Supposons que le défunt qui avait 120,000 francs de fortune a laissé un réservataire de moitié, un légataire à titre universel de moitié et un legs particulier de 30,000 francs : la quotité disponible étant de 60,000 francs, les legs ne pourront s'exécuter que jusqu'à concurrence de cette somme. Ils devront donc être réduits, et la réduction sera supportée proportionnellement par le légataire à titre universel et le légataire particulier.

La dernière hypothèse dont nous avons à parler est celle où, le testateur n'ayant disposé en faveur du légataire à titre universel que d'une partie de la portion disponible, l'héritier réservataire est appelé à recueillir une fraction supérieure à sa réserve. Cette hypothèse est formellement prévue par l'art. 1013, lequel déclare qu'en pareil cas, le légataire à titre universel sera tenu d'acquitter les legs à titre particulier « *par contribution avec les héritiers naturels.* » Mais ce que la loi n'a pas fixé, c'est la base sur laquelle doit se faire cette contribution : de là la question de savoir si la part contributoire du légataire et de l'héritier doit se déterminer d'après la part que chacun d'eux recueille

(1) Colmet de Santerre, t. IV, p. 333.

dans la succession, ou seulement d'après la part que chacun prend dans la quotité disponible. Le défunt, par exemple, dont la succession est de 100,000 francs, laisse un enfant, un légataire à titre universel du quart et un légataire particulier de 10,000 francs. Si l'enfant réservataire de moitié ne contribue que dans la proportion de ce qu'il prend dans le disponible, il devra la moitié du legs particulier, soit 5,000 francs; s'il doit, au contraire, contribuer en proportion de ce qu'il prend dans la succession tout entière, il payera les trois quarts du legs, soit 7,500 francs.

Cette controverse s'était élevée déjà dans notre ancien droit, où les deux solutions avaient leurs partisans. Pothier tenait que la contribution doit s'établir d'après la part prise par chacun dans la portion disponible. « J'inclinerais assez à ce sentiment, dit-il (1), parce que les legs ne sont pas comme les dettes une charge de tous les biens, mais du disponible seulement. » Mais Lebrun (2) et Bourgon (3) défendaient la doctrine contraire, laquelle était généralement consacrée par la pratique, et qui était conforme notamment à la jurisprudence constante du Châtelet de Paris. Sur ce point les rédacteurs du Code avaient eu l'intention d'innover : c'est ce qu'indique l'art. 90 du projet primitif : « Si le legs à titre universel ne comprend qu'une quotité de la portion disponible, les legs particuliers sont acquittés d'abord par les héritiers sur ce qui reste de la portion disponible, et subsidiairement par le légataire à titre universel. »

(1) *Des Successions*, ch. v, art. 3 et 6 ; — *Donations testam.*, ch. v, sect. III, § 2.

(2) *Des Successions*, l. IV, ch. II, sect. IV.

(3) *Droit commun de la France*, t. II, p. 314, n° 8.

Cette solution, on le voit, s'écartait bien plus encore de l'opinion de Pothier que ne le faisait le système du Châtelet : il en serait résulté dans notre espèce que le legs de 10,000 francs aurait été payé exclusivement par l'héritier. Le procès-verbal de la séance, dans laquelle l'art. 99 fut discuté, ne nous dit pas cependant qu'il fut rejeté : il porte seulement que la disposition n'a été adoptée « qu'avec l'amendement que la contribution sera supportée également par l'héritier et le légataire à titre universel. » Cette simple atténuation est une preuve que le législateur n'a pas entendu se jeter d'une extrémité dans une autre : en décidant que le légataire et l'héritier contribueraient également, il a voulu purement et simplement revenir à la doctrine de Lebrun. On oppose que cette doctrine aurait pour effet de porter atteinte au principe que les legs ne peuvent grever que la quotité disponible : mais, en vérité, il n'y a dans cette objection qu'une équivoque. Nul ne songe à contester que les legs ne soient à la charge exclusive de la quotité disponible; seulement, cette règle, lorsque la réserve reste intacte, n'entraîne pas cette conséquence que la contribution ne doit pas se faire d'après la part prise dans l'universalité de la succession. Le réservataire, qui recueille une part plus forte que la réserve, ne peut invoquer aucun autre titre que celui d'héritier : et c'est en proportion de tout ce qu'il prend à ce titre unique, qu'il doit contribuer à l'acquittement des legs. « C'est qu'en effet, disait Bourgeon, la loi n'a voulu que réserver une certaine portion, et non pas qu'on sophistiquât sur icelle pour l'augmenter. »

POSITIONS

DROIT ROMAIN.

I. De ce que la présence d'un héritier sien et nécessaire met obstacle à l'*usucapio pro herede*, il ne s'ensuit pas qu'on puisse conclure à l'existence de la saisine.

II. L'hérédité jacente ne constitue pas une personne morale.

III. Lorsqu'un légataire de plus de moitié de la succession vient en concours avec un héritier, tous deux sont tenus concurremment des *sacra*.

IV. L'obligation au culte ne pesait jamais sur un créancier du défunt.

V. Le principe *Institutio est caput et fundamentum testamenti* existe encore sous Justinien.

HISTOIRE DU DROIT.

I. L'origine de la saisine se rattache à la lutte des légistes contre la féodalité.

II. Au seizième siècle, la théorie de la saisine se modifie : la notion d'une investiture légale de la possession apparaît pour la première fois.

CODE CIVIL.

I. La question de savoir si le legs du disponible est un legs universel n'est qu'une question de fait ; c'est aux tribunaux qu'il appartient de rechercher quelle a été dans chaque espèce l'intention vraisemblable du déposant.

II. Le legs de l'usufruit de la totalité ou d'une quote-part des biens ne constitue qu'un legs particulier.

III. L'obligation indéfinie aux dettes et le droit aux fruits ne sont pas des effets de la saisine.

IV. Le droit de poursuite accordé aux créanciers contre les légataires, lorsqu'il existe des héritiers saisis, est purement facultatif.

V. Les légataires universels et à titre universel ne sont jamais tenus des dettes qu'*intra vires emolumenti*.

VI. Les dispositions de l'art. 1000 impliquent une contradiction qui ne peut s'expliquer que par une négligence de rédaction.

VII. Lorsqu'un légataire à titre universel se trouve en concours avec un réservataire appelé à recueillir une part supérieure à sa réserve, la contribution aux legs particuliers doit s'établir sur la part prise par chacun dans la succession tout entière.

PROCÉDURE CIVILE.

L'ordonnance d'envoi en possession rendue par le président du tribunal au profit du légataire institué par un testament olographe n'est pas une décision contentieuse susceptible de recours.

DROIT CRIMINEL.

I. Devant la Cour d'assises, le défenseur a le droit d'indiquer la peine au jury.

II. Un étranger, jugé dans son pays à raison d'une

infraction à la loi pénale par lui commise en France, peut être poursuivi pour le même fait devant les tribunaux français.

DROIT PUBLIC ET INTERNATIONAL.

I. Le décret du 23 octobre 1811 sur l'extradition n'a pas été abrogé.

II. Juridiquement, aucune raison ne s'oppose à l'extradition des nationaux.

ÉCONOMIE POLITIQUE.

I. Les Banques d'émission doivent être libres.

Vu par le président :
A. Boistel.

Vu par le doyen :
Ch. Beudant.

Vu et permis d'imprimer.
Le Vice-recteur de l'Académie de Paris,
Gréard

TABLE DES MATIÈRES

DROIT ROMAIN.

DROIT FRANÇAIS.

3291-81. — Corbeil. — Typ. et Stér. Crété.

CORBEIL. — TYP. ET STÉR. CRÉTÉ.

www.ingramcontent.com/pod-product-compliance
Ingram Content Group UK Ltd.
Pitfield, Milton Keynes, MK11 3LW, UK
UKHW020145220726
13923UKWH00001B/373